本书受中央高校基本科研专项资金项目"行政处罚与审计市场福利研究——基于中国证监会处罚的证据（编号：CSQ21010）"、校教学研究项目"'后MOOC时代'基于SPOC模式的教学研究——以《管理会计》课程为例（编号：JYX19045）"、校科学基金项目"基于福利视角下我国审计市场有效结构的研究（编号：YSZ18009）"和湖北省高校人文社科重点研究基地"中南民族大学高校风险预警防控研究中心（湖北省重点人文基地）"的资助

中国上市公司
审计市场福利研究

——

马彬彬◎著

中国社会科学出版社

图书在版编目（CIP）数据

中国上市公司审计市场福利研究/马彬彬著. —北京：中国
社会科学出版社，2023.1
ISBN 978 - 7 - 5227 - 1283 - 3

Ⅰ.①中⋯　Ⅱ.①马⋯　Ⅲ.①上市公司—审计—研究—
中国　Ⅳ.①F239.22

中国国家版本馆 CIP 数据核字（2023）第 021170 号

出 版 人	赵剑英
责任编辑	刘晓红
责任校对	周晓东
责任印制	戴　宽

出　　版	中国社会科学出版社
社　　址	北京鼓楼西大街甲 158 号
邮　　编	100720
网　　址	http：//www.csspw.cn
发 行 部	010 - 84083685
门 市 部	010 - 84029450
经　　销	新华书店及其他书店

印　　刷	北京君升印刷有限公司
装　　订	廊坊市广阳区广增装订厂
版　　次	2023 年 1 月第 1 版
印　　次	2023 年 1 月第 1 次印刷

开　　本	710×1000　1/16
印　　张	9.75
插　　页	2
字　　数	139 千字
定　　价	55.00 元

凡购买中国社会科学出版社图书，如有质量问题请与本社营销中心联系调换
电话：010 - 84083683

前　言

　　审计市场作为资本市场健康发展的重要监督力量，肩负着维护资本市场秩序、优化资源配置的重任。随着我国社会经济的持续发展，党和国家对审计重视程度越来越高，特别是 2020 年新《中华人民共和国证券法》的颁布，激发了证券审计市场活力，也提高了事务所对公司进行信息披露审查的责任。审计市场的有序运行不仅依赖于市场竞争，更依赖于有效的政府监管治理。因此，政府监管治理对审计市场的影响成为审计领域经久不衰的研究热点。国内外已有文献多基于审计质量、审计定价、事务所市场份额等探讨政府监管对审计市场的影响，鲜有基于福利效应探讨政府监管对审计市场运行效率的影响。

　　政府监管审计市场的核心目标是提高市场效率且改进福利。审计市场福利由消费者剩余和生产者剩余组成，在审计市场中，消费者剩余是指公司（消费者）在购买审计服务（商品）时愿意支付给事务所（生产者）的最高价格减去实际支付价格的差额，是衡量审计市场给公司带来利益价值的关键指标。消费者利益是影响市场经济发展的重要驱动力，因此提高审计市场的消费者剩余是影响政府规制经济政策的重要考量，也是审计市场福利的核心指标（Hausman，1981）。Gerakos 和 Syverson（2015）首次将消费者剩余指标引入审计领域，综合研究了美国审计市场竞争态势以及相关政策的福利效应，随后 Guo 等（2017）和 Guo 等（2021）沿用 Gerakos 和 Syverson（2015）的模型考察了审计市场相关政策福利效应以及事务所行业专长。Gerakos 和 Syverson（2015）及 Guo 等（2017）研究认为审计需求模型非常适合研究关于审计行业政策监管的经济后果问题。因此，本书围绕该思路，结合我国制度背景展开对中国上市公司审计市场的福利研究。

全书共分为八章，第一章绪论主要介绍了研究背景及意义、主要概念界定、研究思路、内容框架以及主要创新点。第二章和第三章系统梳理了国内外相关研究成果以及本书的理论基础。第四章基于审计模型对公司选择事务所进行拟合分析，考察影响公司选择事务所的相关属性特征并进行验证，实现货币化测度消费者剩余福利指标，并为后续章节提供研究基础。第五章至第七章基于市场结构、竞争压力、组织形式三个层面，分别探讨备受关注的三类代表性制度对审计市场福利的影响，包括事务所合并、推广事务所强制轮换政策及事务所转制。第八章总结了全书的研究结论、政策建议及不足。

本书是笔者博士论文成果的延伸，从最初的选题到现在的成书，期间所经历的困惑与顿悟、迷茫与成长，都已镌刻在心。在此，特别感谢我的博士导师李青原教授授业解惑，感谢工作单位中南民族大学管理学院的大力支持，最后深深感谢我的家人！受时间和能力所限，本书可能存在错漏和不妥之处，欢迎读者指正。

摘　　要

实现我国上市公司审计市场（以下简称"审计市场"）福利最大化，需要合理的政策管制。目前我国审计市场还处于发展进程中，关于我国审计市场福利决定因素的研究也还处于探索阶段。本书针对我国政府管制下的审计市场福利进行了较为系统的理论与经验研究。通过对比分析我国与西方各国的审计市场结构，发现我国审计市场政策的制定既需要借鉴英美等国的经验，又需要结合我国审计市场独有的特点，不能照搬硬套。进而，我国政府对审计市场管制和引导的方向和程度受到社会的密切关注。本书采用规范分析和实证检验相结合的方法，以公共利益理论、福利经济学理论、产业组织理论和审计需求理论为基础，探讨了我国政府近年来相关政策的经济效果。首先，本书运用离散选择模型，基于审计市场的公司及会计师事务所特征，构建了我国审计市场的需求模型。该模型较好地模拟了我国上市公司对会计师事务所的选择，预测准确率高达 82.27%—99.58%。随后，本书以审计需求模型为基础，从审计市场消费者（公司）的角度重点考察了我国政府近年来推进和探索的三类相关政策对我国审计市场福利的影响。

第一，通过分析我国审计市场结构和竞争现状，发现非"四大"会计师事务所与"四大"会计师事务所市场势力悬殊，其竞争状态会损害消费者剩余。通过反事实推理发现，任一"四大"会计师事务所退出审计市场，会导致我国审计市场结构更加割裂化，造成消费者剩余的大量损失，例如，KPMG（2013 年）和 PwC（2015年）退出审计市场带来的消费者剩余损失占当年所有样本公司审计费用之和的 17.41%—21.97%。研究表明，通过做大做强中小会计师事务所，能使审计市场的供给更满足公司的需求，促进审计市场全面良性竞争，保障审计市场福利。

第二，探讨了在所有上市公司中推广会计师事务所强制轮换政策对消费者剩余的影响。一方面，会计师事务所与公司的长期合作关系会"日久生情"，会计师事务所强制轮换制能缓解其对执业独立性的损害，提高消费者获得的审计服务价值。另一方面，会计师事务所长期审计特定公司会"熟能生巧"，而会计师事务所强制轮换制使继任会计师事务所审计成本上升，专业胜任能力却下降，同时造成消费者成本上升和价值下降。研究结果表明，推广该政策给消费者带来的额外成本超过了价值，例如，10 年轮换期会导致我国审计市场消费者剩余损失范围为 421.313 百万—423.837 百万元，占当年所有样本公司审计费用之和的 17.56%—21.67%；而 4 年轮换期损失范围为 433.910 百万—441.240 百万元，占当年所有样本公司审计费用之和的 18.28%—22.32%。

第三，以我国会计师事务所转制所提供的自然实验为契机，定量研究了会计师事务所转制为特殊普通制后对消费者剩余的影响，并结合我国各地区不均衡的法制环境及公司间不同的经营风险进行了深入分析。研究结果表明，会计师事务所转制后，审计市场消费者剩余显著上升，即会计师事务所转制给审计市场带来的效用大于成本，有利于审计市场的良好运行。该政策对法制环境较好地区及经营风险较高的公司的效果更显著。可见，特殊普通合伙制适用于我国的制度环境，有利于保障审计市场福利。为更好地实现该政策效果，应进一步健全各区域法律制度。

本书的主要贡献有以下三点：第一，本书从福利角度初步探索了我国审计市场的运行机理，拓展了我国审计市场的研究范畴。现有研究多聚焦探讨审计质量和审计定价等传统要素，而本书为我国审计市场研究提供了新的视角，并为定量研究审计市场福利提供了重要参考。第二，本书的研究丰富了公众对政府近年来引导和管制审计市场相关政策的认识，同时也为监管部门提供了更具体的理论参考。通过构建模型探讨研究了具有代表性的三类政策影响，不仅包括已实施政策对审计市场福利的影响，而且模拟了未实施政策和推广实施政策范围对审计市场福利的影响，这为定量研究政策效果提供了新的探索方向。第三，本书从动态角度丰富和拓展了审计市场结构的相关研究。现有研究多静态分析审计市场的结构特征，本书从动态角度分析我国独特的审计市场结构，通过探讨大、小客户市场的进入壁垒，剖析了审计市场供需不平衡状态的形成机制，为进一步优化我国审计市场结构、促进审计市场良性竞争提供了重要参考。

关键词：审计市场；消费者剩余；会计师事务所强制轮换；特殊普通合伙制会计师事务所

Abstract

To maximize the benefits of the auditing market for listed companies in China (hereinafter abbreviated as " audit market") , proper government policy controls are needed. At the same time, appropriate policies must be made based on a clear understanding of China's audit market welfare and its determinants. At present, China's auditing market is still in the process of development. The research on the welfare of China's audit market is also in the exploratory stage. This paper conducts a systematically theoretical and empirical research on the audit market welfare under government control. Through comparison and analysis of the structure of our country's audit market with that of Western countries, our country's unique audit market structure determines that our government's policies need to learn from Britain, the United States, and other countries, but also combine with our own characteristics. Therefore, the direction and degree of the Chinese government's control and guidance of the audit market has attracted the attention of the society. This paper uses a combination of normative analysis and empirical test to explore the economic effect of relevant policies of the Chinese government in recent years on the basis ofPublic Interest Theory, Welfare Economics Theory, Industrial Organization Theory and Auditing-Demand Theory. First of all, this paper uses the discrete selection model, based on the characteristics of the company and the audit firm in the audit market, and builds the demand model of China's audit market. This model better simulates the selection of audit firms by listed companies in China, and the forecasted accuracy rate is as high as 82.27% – 99.58%. Subsequently, based on the audit demand model, this paper focuses on the impact of three types of related policies that our government has promoted and explored in recent years on China's audit market welfare.

First, through the analysis of the structure and competition of China's audit market, it was found that the gap of market power between non – "Big 4" audit firms and "Big4" audit firms, the current state of competition in China's audit market will undermine consumer surplus. Through counterfactual reasoning, it was found that any "Big4" audit firm's withdrawal from the audit market would lead to a more severe fragmentation of the audit market structure in China, resulting in a surplus of consumer surplus of 418.229 million yuan (KPMG quitted in 2013) to 433.751 million yuan (PwC quitted in 2015), which accounted for 17.41% – 21.97% of the total sum of the audit fees of all sample companies for the year. Research shows that by making the small audit firms bigger and stronger, the supply of the audit market can be more satisfied with the needs of the company, and comprehensive and healthy competition in the audit market can be promoted to ensure the audit market welfare.

Second, the paper discusses the impact of the promotion of the audit firm's mandatory rotation policy on all listed companies on consumer surplus. On the one hand, the long – term cooperation relationship between the audit firm and the company will "be agrowing love". The mandatory rotation system of the audit firm can ease its damage to the independence of the practice and increase the value of the audit service received by consumers. On the other hand, the accountant's affairs the long – term audit of specific companies will be "learning effects" and the firm's mandatory rotation system will increase the audit costs of successor firms, while the professional competence will decline. At the same time, consumer costs will increase and the value will decline. The results of the study show that the additional costs incurred by the promotion of the policy to consumers exceeds the value. For example, the 10 – year rotation period will result in an audited consumer residual loss range of 421. 313 million yuan – 423. 837 million yuan, accounting for all sample companies of the year. The proportion of the audit fees and the sum of 17. 56% – 21. 67% ; and 4 years of rotation loss range from 433. 910 million – 441. 240 million yuan, accounting for the 18. 28% – 22. 32% proportion of the total audit fees of all sample companies in the year.

Third, using the natural experiment provided by the transformation of audit firms in China as an opportunity to quantitatively study the impact of the transformation of audit firms into special common systems on consumer surplus, combined with the uniqueinstitutional environment in which the legal environment in each region of China is uneven. The company has in – depth analysis of different business risks. The results of the study show that after the conversion of audit firms, the consumer surplus in the audit market has risen significantly, that is, the utility brought by the conversion of audit firms to the audit market is greater than the cost, which is conducive to the sound operation of the audit market. The effect of this policy is even more pronounced in companies with a better legal environment and higher operating risk. It can be seen that the special general partnership system is suitable for the institutional environment in China and is conducive to safeguarding the audit market welfare. In order to better achieve the effect of this policy, the regional legal system should be further improved.

The main contributions of this paper are three points. First, this article explores China's audit market from the perspective of welfare, and expands the scope of China's audit market. The existing research focuses on the traditional elements such as audit quality and audit pricing. This paper provides a new perspective for China's audit market research and provides a reference for the quantitative study of audit market welfare. Second, the research in this article has enriched the government's understanding of the guidance and regulation of auditing market policies in recent years, and also provided a more general and intuitive theoretical reference for regulators. By studying three representative policy orientations, the study in this paper not only discusses the impact of implemented policies on auditing market welfare, but also simulates the impact of non – implemented policies and the scope of implementation policies on auditing market welfare, which provides a new direction for quantitative study of policy. Third, this article enriches and expands the research on the audit market structure from a dynamic perspective. The current study studies the structural characteristics of the audit market by static analysis. This paper analyzes the unique audit market structure in China from a dynamic point of view, discusses the entry barriers for large and small customer markets and analyzes the fragmented state of imbalance between supply and demand in the market, which provides a reference for optimizing China's audit market structure and promoting a healthy competition in the audit market.

Key Words: Audit Market; Consumer Surplus; Mandatory Audit Firm Rotation; Special General Partnership Audit Firm

目 录

绪　论

第一节　研究背景与意义

一　研究背景

资本市场经济的发展离不开规范、完善的中介服务市场，审计市场作为重要的中介服务市场，高效率地提供审计服务是资本市场机制运行的一个重要保障。实现审计市场福利最大化是其发展的首要目标，也是资本市场机制高效率运行的前提。审计市场的特殊性决定了其不能完全依靠市场力量实现社会福利最大化，需要政府这只"看得见的手"促进审计市场健康发展。与较为成熟的美国审计市场相比，我国审计市场起步较晚，因此我国政府可借鉴美国审计市场相关政策以优化审计市场。但是，我国与英美等国审计市场有较大差别。如表 1-1 所示，在英美为代表的国家中，"四大"会计师事务所（以下简称"四大"）的客户数量市场份额均值达到 90%，而笔者基于同样数据区间计算出我国"四大"的客户数量市场份额只有 6.4%。可见，从客户数量角度分析发现，我国审计市场与美国市场有较大差别。为进一步分析我国审计市场，笔者同时以客户数量和客户资产分别分析"四大"和非"四大"会计师事务所（以下简称非"四大"）的市场份额。如图 1-1 所示，"四大"的

表 1 - 1 　　　　　　　　　各国审计市场集中度

国家	样本量（个）	"四大"市场份额（客户数）
中国	23925	0.064
美国	27148	0.819
澳大利亚	3850	0.758
比利时	166	0.867
加拿大	1526	0.965
法国	768	0.910
德国	946	0.865
印度	524	0.996
意大利	219	0.900
马来西亚	2465	0.839
挪威	379	0.937
新加坡	1316	0.930
北美	600	0.902
西班牙	267	0.970
瑞士	459	0.976
英国	2090	0.806

资料来源：CSMAR 证券研究数据库（2004—2015），其他市场数据来源于 Choi（2017）。

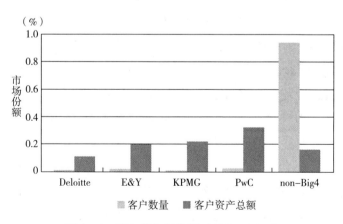

图 1 - 1　事务所市场份额（2000—2015）

客户数量和客户资产份额差别很大，虽然"四大"客户数量份额不足10%，但资产份额却达到80%以上。这可能是由于"四大"与非"四大"的客户群存在很大差别所致，因而仅从审计市场整体计算分析可能会忽略市场内部的竞争态势。Simunic（1980）将当时的美国审计市场分为大、小客户市场分析，并认为"八大"在大客户市场有垄断地位，而其余大量会计师事务所只能在小客户市场上竞争。基于此，笔者将我国的审计市场以公司资产规模分组并作图1－2、图1－3，将前20%公司定义为大客户，其余为小客户。基于美国经济学家贝恩的市场集中度指标 CRn①，以客户资产及审计费用为基础计算 CR4，发现近十余年我国大客户市场的集中度均远高于小客户市场。综合分析可得，"四大"与非"四大"的市场竞争力量存在着十分明显的差距，我国"四大"对大型公司有垄断竞争势力。可见，我国形成了完全不同于英美等国的独特市场结构与竞争态势，"四大"在大客户市场上"跑马圈地"，而大量非"四大"只能在小客户市场上激烈竞争甚至恶性竞争。因此，我国政府相关政

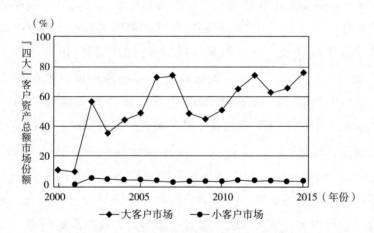

图1－2 大、小客户市场集中度（客户资产总额）

① 市场集中度指标（CRn），是指市场（行业）中规模最大的前几位公司的销售额、职工人数、资产额等数值占整个市场（行业）的份额，例如审计市场结构的 CR4，就是指该审计市场中前4位最大会计师事务所所占有的市场份额。

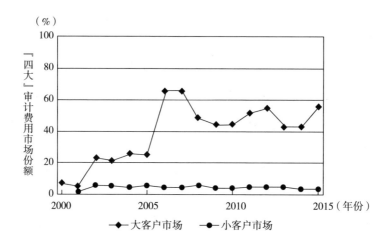

图 1-3　大、小客户市场集中度（审计费用）

策的实施需要结合自身特征，不能生搬硬套美国审计市场。如图
1-4 所示，笔者梳理了 1999 年脱钩改制后，我国政府一直推进的
三类主要政策，并将这些政策与美国进行了对比分析。

　　第一，合适的市场结构是审计市场有序运行的基础，因而如何
优化审计市场结构一直是监管部门和社会关注的焦点。由于美国审
计市场集中度较高，自安然事件后，美国监管部门担忧如果"四
大"变为"三大"，会进一步提高审计市场集中度，因而对"四
大"态度有所缓和。无论是 2005 年毕马威违规帮助客户的逃税
（Johnson，2010），还是安永在雷曼兄弟破产前帮其出具有误导性的
财务报表，司法部门均没有对毕马威或安永提出刑事指控（Gerakos
and Syverson，2015）。与美国审计市场结构不同，我国大量事务所
集中在小客户市场竞争，不能满足大客户市场的需求。因此，我国
政府一直致力于"做大做强"会计师事务所，扶持事务所进一步提
升服务资本市场发展的能力。政府推行这类政策的目的，主要在于
改善我国审计市场结构，优化审计市场竞争格局。

　　第二，会计师事务所与公司长期合作所导致的不利影响，一直
为各国政府监管部门及研究学者所诟病。自 20 世纪 30 年代开始，

事务所的强制轮换问题便被提上议程，近年来频发的财务丑闻更是使该制度成为热议的主题，但并没有取得一致结论。关于定期轮换会计师事务所的争议主要在于该项政策带来的价值是否能超过增加的成本。美国注册会计师协会（以下简称"AICPA"）于1992年公开表明会计师事务所强制轮换并不符合公众的利益，美国国会在权衡成本和效益后尚未通过在会计师事务所层面的轮换。但是，欧盟在2016年要求公众利益实体（PIE）① 实施定期轮换制度。我国对于在会计师事务所层面强制轮换政策正处于探索阶段：2004年仅在中央企业中推行该政策，2010年进一步扩大到国有及控股金融企业。

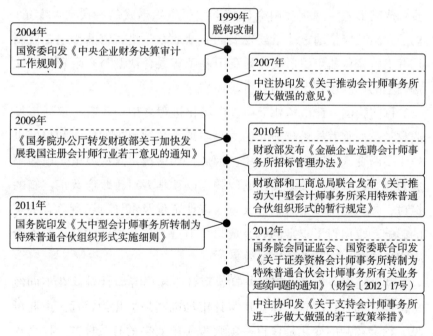

图1-4 近年来我国政府管制政策

第三，会计师事务所组织形式影响着事务所的风险控制及执业

---

① "公共利益实体"包括银行、保险公司和上市公司。

水平，是审计市场良好运行的微观基础。美国得克萨斯州在1991年通过了《有限责任合伙法》，随后英国也颁布了自己的《有限责任合伙法》，这意味着英美等国事务所形式开始逐步由合伙制转变为有限责任合伙制。和英美审计市场不同，自1999年脱钩改制后，大部分事务所选择了有限责任制，这种组织形式弱化了审计师的个人责任，无法有效地约束审计师的执业行为，并不利于审计市场的持续发展。我国财政部和工商总局于2010年联合发布了《关于推动大中型会计师事务所采用特殊普通合伙组织形式的暂行规定》（以下简称《暂行规定》），要求大型事务所于2010年年底前转制为特殊普遍合伙制形式，并鼓励中型事务所于次年年底前转制为特殊普通合伙制形式。这是我国会计师事务所组织形式的一次重大变革，也是我国政府推动审计市场发展的一项战略举措。特殊普通合伙制是有中国特色的组织形式，是我国基于普通合伙制与有限责任合伙基础上的制度创新（黄洁莉，2010）。

目前我国审计市场处于初步市场化进程之中，政府对审计市场的政策正面临着放松与加强的两难境地，政策引导的方向和程度也处于不断变迁的初步探索之中。因此，如何衡量这些政策实施效果成为我国监管部门最为关注的问题。以往学者对于政府政策实施的探讨，主要围绕政策对审计质量、审计定价及审计市场竞争态势等的影响，也取得了丰富的研究成果。但是，这些层面的探讨并不能直观地衡量一项政策的实施效果。

和其他服务类产品市场一样，审计市场引导审计资源在不同经济主体之间合理配置，以实现审计市场福利最大化为目标。由此可见，社会福利的变化是评价一项政策实施效果的有效标准。社会福利主要由消费者利益决定，消费者剩余作为消费者利益的集中体现，是分析和度量社会福利问题的重要指标。增加消费者剩余是政府规制的目标，也是政府实施政策的出发点。因此，本书拟从福利角度，探讨政府在引导我国上市公司审计市场（以下简称审计市场）的改革和发展中，持续推进的三类政策是否能改善消费者剩余，以期为监管部门相关政策的制定提供理论参考。第一，我国目前推行"做大做强"中小会计师事务所，以形成更合理的审计市场格局。与美国对待大型事务所甚为小心的态度不同，我国监管机构于2017年相继处罚瑞华、立信会计师事务所，责令其暂停新接证券业务。本书拟研究如果有一家"四大"退出市场变为"三大"，这种审计市场格局变化会对消费者剩余有何影响。第二，会计师事务所强制轮换是各国重点关注的制度，我国目前在中央企业、国有及控股金融企业中推行。本书拟研究如果在所有上市公司中推广实行该制度，会对消费者剩余有何影响。第三，截至2013年年底，具有证券资格的会计师事务所均已完成向特殊普通合伙制转制。本书拟研究这一举措对审计市场的消费者剩余有何影响。

二　研究意义

第一，从福利角度丰富和拓展我国审计市场结构及竞争的相关研究。现有研究主要从审计质量、审计定价、市场竞争态势角度入手研究审计市场结构及竞争（刘桂良和牟谦，2008；陈艳萍和杨淑娥，2010；曾亚敏和张俊生，2012；O'Keefe et al.，1994；DeFond et al.，1999；Dunn et al.，2013；Bleibtreu，2017）；仅有 Gerakos 和 Syverson（2015）与 Guo 等（2017）对英美等国审计市场消费者剩余进行了研究，但我国审计市场结构和竞争行为与英美等国完全不同。通过分析我国大、小客户市场的进入壁垒，发现市场呈现供需不平衡的割裂状态，这表明有必要从福利角度对我国特有的审计市场结构及竞争进行分析。针对我国审计市场福利，仅有学者从理论定性分析（李眺，2003；夏冬林和林震昃，2003；刘明辉和徐正刚，2006），鲜有文献定量分析探讨我国审计市场福利。因此，本书通过采用离散选择模型构建了一个适用于中国审计市场的需求模型，并以此为基础从消费者剩余角度对我国审计市场结构和竞争进行分析。研究表明做大做强中小会计师事务所，进一步优化我国审计市场结构，能使审计市场的供给更满足公司的需求，促进审计市场全面良性竞争，保障审计市场福利。

第二，从会计师事务所强制轮换角度丰富和拓展了我国审计市场福利的相关研究。现有研究主要探讨会计师事务所轮换制对审计质量、审计费用、市场集中度等传统要素的影响（Catanach Jr. and Walker，1999；Myers et al.，2003；Ghosh and Moon，2005；Bleibtreu，2017）。但鲜有文献从我国审计市场福利出发，探讨会计师事务所强制轮换的经济后果。本书通过梳理事务所轮换制与审计独立性、专业胜任能力和审计成本的理论框架，定量探讨了事务所强制轮换政策对我国审计市场消费者剩余的影响。从福利角度补充和完善了关于我国审计市场是否进一步推广实施强制轮换制度的研究，为监管部门相关政策的制定提供理论参考。

第三，从会计师事务所转制角度丰富和拓展了我国审计市场福利的相关研究。现有文献主要聚焦探讨会计师事务所转制对审计质量和审计定价等传统要素的影响（李江涛等，2013；刘行健和王开田，2014；闫焕民等，2015；孔宁宁和李雪，2016；Muzatko et al.，2004；Lennox and Li，2012）。但鲜有文献从我国审计市场福利出发，探讨会计师事务所转制的经济后果。本书通过定量研究会计师事务所转制对消费者剩余的影响，补充和完善了从福利角度探讨会计师事务所转制，结论更具一般性和直观性。

第二节　概念界定

一　消费者剩余

消费者剩余是经济学领域消费者行为理论的概念。马歇尔从边际价值论演绎出消费者剩余的概念，他在《经济学原理》中将其定义为：一个人为不失去某东西，愿意支付的高于实际支付的价格，这种剩余满足的经济衡量便是消费者剩余。消费者愿意为得到商品而支付的意愿之和便是该商品的总效用，也称消费者总剩余或总福利。传统的消费者行为理论认为消费者剩余起源于递减的边际效用，即消费者认为购买的每一单位商品都比后一单位商品带来更高的价值。商品带来的边际效用决定了消费者愿意为这一单元商品支付的价格，边际成本即为消费者为购买这一单位商品所支付的实际价格。消费者购买每单位获得边际效用与付出的差额便是消费者剩余。可以用需求曲线下方、价格曲线上方以及价格轴围成的三角形面积表示，如图 1－5 所示，以 OQ 代表商品数量，OP 代表商品价格，AB 代表需求曲线，则消费者购买商品时所获得的消费者剩余为图中的灰色部分。价格上升会造成消费者剩余损失，这部分损失可分为消费者继续消费的单位支付更多的货币，以及因价格上升而减少消费造成的损失。一般而言，在边际效用等于边际成本时，消费者剩余达到最大。

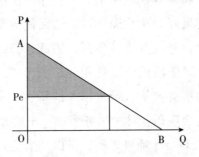

图 1－5　消费者剩余

　　市场中经济主体分为生产者和消费者，社会福利也由消费者剩余与生产者剩余组成。市场经济的本质是消费者导向的经济，保护消费者利益是现代市场经济体制的内在要求和必然产物。豪斯曼认为社会利益主要由消费者利益决定，消费者剩余便是消费者利益的体现。可见，市场经济的根本要求是增加消费者福利，消费者剩余作为衡量消费者福利的重要指标，被广泛地用作分析工具。

　　二　会计师事务所组织形式

　　会计师事务所组织形式，是会计师事务所从事各类经济活动的法律框架。它不仅关系到会计师事务所内部所有者对剩余索取权和剩余控制权的分配，而且是对会计师事务所与其他交易方进行交易时所承担的权利与义务的规范。会计师事务所组织形式会影响审计师对预期收益和潜在风险的判断。理论上会计师事务所组织形式有以下四种：

（1）个人独资制会计师事务所，由具有执业资格的注册会计师个人发起设立，是以其全部财产承担无限责任的组织形式。其优点在于限制条件少，设立固定成本较低，便于设立且内部管理较为简化，且执业谨慎性较高。但这类组织形式主要存在于会计师事务所发展初期，无力承接大型业务，后期发展会受限制。

（2）普通合伙制会计师事务所，是指由两名以上（包括两名）合伙人共同设立，各自以其财产对会计师事务所债务承担无限连带责任的组织形式。相较其他组织形式，普通合伙制的约束机制有利于各合伙人均保持良好的执业谨慎性，会促使内部建立较健全的控制机制以规避风险，并提升审计质量。因此，普通合伙制成为注册会计师行业发展初级阶段最广泛使用的组织形式，但某个或某些合伙人审计失败会给所有合伙人带来损失的特性，影响了会计师事务所的责任划分，这会阻碍会计师事务所进一步扩大规模。

（3）有限责任制会计师事务所，是以注册会计师出资额为限对事务所承担有限责任的组织形式。其优点主要在于法律责任的降低，注册会计师更乐意加入这种组织形式的会计师事务所，这也有利于事务所扩大规模，以承接大型审计等业务。但是，有限责任制的缺点也是很明显的，有限的法律责任使其对注册会计师的约束条件大大降低，个别注册会计师可能会冒险舞弊，最终降低会计师事务所的审计质量。

（4）特殊普通合伙制会计师事务所，是在普通合伙制和有限责任制的基础上发展的组织形式。其特点是故意或重大过失合伙人对其合伙企业承担无限连带责任，而其他合伙人以其出资额为限承担有限责任。特殊普通合伙制是有中国特色的组织形式，是我国基于普通合伙制与有限责任合伙基础上的制度创新（黄洁莉，2010）。

这种组织形式比普通合伙制更能规避审计风险，又比有限责任制更能在制度上规定过失注册会计师相应的法律责任。2007 年 6 月 1 日，《中华人民共和国合伙企业法》引进这种新型组织形式，2010 年 7 月 21 日，随着财会〔2010〕12 号文件的发布，该组织形式在我国审计市场逐步展开。

特殊普通合伙制通过对债务责任的区分，结合了普通合伙制和有限责任制的特点，强调了对无过错合伙人予以有限责任保护。财会〔2010〕12 号第 2 条规定：特殊普通合伙制会计师事务所的执业人员因故意或重大过失而造成债务的应承担无限责任，非过失合伙人则以其投资额为限承担有限责任。合伙人非因故意或重大过失造成合伙人企业债务的，全体合伙人对债务承担无限连带责任。这种对非过失合伙人的保护有利于会计师事务所进一步扩大规模，而对过失合伙人的无限责任则有利于保证合伙人的执业谨慎性。总之，特殊普通合伙制是顺应我国当前经济发展趋势和注册会计师行业发展现状的组织形式。

第三节 研究思路与方法

一 研究思路

本书研究了政府主要相关政策对审计市场福利的影响，研究思路如下：

有效运行的审计市场以实现社会福利最大化为最终目标，我国审计市场的特殊性决定了其不能完全依靠市场力量实现社会福利最大化，需要政府这只"看得见的手"促进审计市场健康发展。本书首先将我国审计市场与西方英美等国对比分析，探讨我国审计市场的基本特征及存在福利损耗的原因。同时，我国独有的审计市场结构决定了对于政策的实施需要既借鉴美国这类审计市场，又结合自身现有背景，不能照搬硬套。因此，本书梳理了我国政府自脱钩改制后对审计市场力推的三类政策，目的在于分析这三类政策对我国审计市场福利的影响。

第一，由于"四大"在我国审计市场的控制力与影响力，形成了我国高度集中与激烈竞争共存的审计市场结构。因此，我国一直推行"做大做强"会计师事务所的相关政策，其目的在于构建我国审计市场良好竞争格局。本书拟探讨任一"四大"退出对我国审计市场的福利影响，以期为相关政策的实施提供参考。

第二，由于近年来审计失败案例的频发，会计师事务所强制轮换政策被提上议题，各国相关部门和学者对该政策的影响进行了深入探讨但未能达成一致意见。美国基于成本和效益的衡量，未将该政策纳入法案，但欧盟已经开始实施该政策。我国逐步在央企、国有及控股金融企业中实施该政策，目前对该政策还处于初步探索中。因此，本书拟探讨将会计师事务所强制轮换制度进一步推广到所有上市公司中对审计市场福利的影响，以期为相关政策的实施提供参考。

第三，会计师事务所组织形式影响着事务所的风险控制及执业水平，是保障审计市场福利的微观基础。在我国政府近年的推动下，会计师事务所已经全部转制为特殊普通合伙制。关于这一政策效果的现有研究往往分开探讨转制对审计质量和审计收费的影响，不能全面衡量政策效果。因此，本书拟研究会计师事务所转制对审计市场福利的影响，更有利于把握政策效果全貌。

二 研究方法

本书主要采用定量分析方法进行实证检验研究，具体涉及以下三个实证方法：

（一）离散选择模型

本书拟以 McFadden（1974）为基础，并借鉴 Gerakos 和 Syverson（2015）以及 Guo 等（2017），选用离散选择模型分析我国审计市场，并构建审计需求模型。离散选择模型是测算消费者福利的重要方法。离散选择模型是采用模拟购买的数据采集方法，这提供了一种接近现实的消费者偏好的研究方法。离散选择模型被应用到许多领域（Berry et al.，1995；Berry et al.，2004），但在审计市场并不常见（Gerakos and Syverson，2015；Guo et al.，2017）。其基本思想是，根据市场消费者选择行为及产品的历史数据对消费者的偏好进行研究。其中，Logit 模型是应用最广泛的离散选择模型。Logit 模型的作用不仅仅是预测每个可选方案的选择概率，更重要的是，它能帮助了解可选方法的某个可观察因素的变化对选择概率的影响程度，即选择概率如何变化。例如，在一个公司选择购买审计服务时，利用 Logit 模型可估计审计定价每下降一成，消费者对它的选择概率会增加几成。因此，本书拟采用 Logit 模型预测消费者的选择概率，并基于效用函数计算消费者剩余值，作为后续章节判断政府对审计市场干预效果的标准。

（二）反事实推理

反事实推理又称反事实思维①，常常被用来进行因果归因（Kahneman and Tversky，1982）。它可以简单理解为一种"虚拟蕴含命题"，具有"如果……，那么……"的形式。反事实思维强调的是对过去进行模拟和替换（例如，"四大"变为"三大"），以预测、推理并因果归因，它能帮助人们明确目的，改善行为。基于离散选择模型，反事实推理研究会计师事务所退出以及在我国推广会计师事务所强制轮换制对消费者剩余的影响。

（三）多元线性回归的实证方法

在检验会计师事务所转制的经济后果时，本书采用多元线性回归模型实证检验了《暂行规定》后，会计师事务所转制对消费者剩余的影响。此外，离散选择模型中拟合审计费用也采用了多元线性回归的实证方法。

此外，本书也采用了文献梳理和规范研究的方法。根据本书的

---

① 反事实推理起源于社会心理学，美国著名心理学家、诺贝尔经济学奖获得者 Kahneman 和 Tversky 在 1982 年首次提出。

研究思路，笔者对现有相关文献进行了归纳梳理，发现审计市场现有文献研究中存在的不足。本书以公共利益理论、福利经济学理论、产业组织理论和审计需求理论为基础，规范分析了不同制度约束影响审计市场结构及运行绩效的内在机理。

第四节　研究内容与整体框架

一　研究内容

具体而言，笔者围绕我国审计市场福利，研究以下三个问题：

第一，会计师事务所退出对消费者剩余的影响。本书拟反事实推理研究"四大"变为"三大"后，对消费者（公司）剩余的影响。首先，基于"四大"在我国审计市场的控制力与影响力，我国形成高度集中与激烈竞争共存的审计市场结构。其次，在理论分析的基础上提出假设：如果"四大"变为"三大"，会导致我国审计市场结构的割裂化程度更为严重，造成消费者剩余损失，并构建审计需求模型进行检验。

第二，会计师事务所强制轮换对消费者剩余的影响。本书拟反事实推理研究在我国推广会计师事务所定期轮换制度后，对消费者（公司）剩余的影响。首先，梳理事务所轮换制与审计独立性、专业胜任能力及审计成本的理论框架。其次，在理论分析基础上，以构建的审计需求模型为基础进行实证分析，定量研究推广事务所强制轮换制度对消费者剩余的影响。

第三，会计师事务所转制对消费者剩余的影响。本书拟研究我国各大中型事务所转制为特殊普通合伙制后，对消费者（公司）剩余的影响。首先，梳理会计师事务所转制对审计质量、审计成本影响的理论框架。其次，在理论分析基础上，定量研究会计师事务所转制对消费者剩余的影响，以期为政策效果提供一个参考标准。

二　本书框架

全文共分为八章，各章节的支撑关系如图 1-6 所示，各章的研究内容安排如下：

第一章为绪论。首先，介绍了本书的研究背景、研究意义；其次，总结了本书的研究思路和方法、研究内容与组织结构；再次，对证券审计市场、消费者剩余和会计师事务所组织形式等基本概念进行了界定；最后，对本书的主要创新点和主要贡献进行了说明。

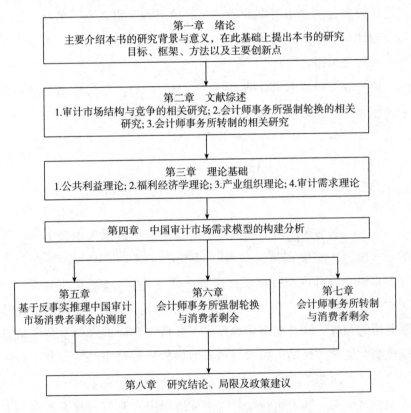

图 1-6　本书章节结构

第二章为文献综述。首先，从国内外审计市场结构和竞争等方面对现有相关文献进行了整体归纳；其次，具体梳理了与本书内容联系最紧密的两方面文献，即"会计师事务所强制轮换"和"会计师事务所转制"。

第三章为理论基础。详细介绍"公共利益理论""福利经济学理论""产业组织理论"和"审计需求理论",并阐述了这四大理论与本书研究的逻辑关系,奠定了本书的理论基础。

第四章、第五章、第六章、第七章为实证研究部分:第四章基于离散选择模型构建了审计需求模型,目的在于为后续章节以消费者剩余作为分析工具探讨我国审计市场的政策效果提供重要的研究基础。第五章基于反事实推理测度中国审计市场消费者剩余并探讨了会计师事务所退出对审计市场福利的影响。第六章、第七章则探讨了会计师事务所强制轮换以及会计师事务所转制给审计市场福利带来的政策效果。

第八章:对本书研究的主要结论进行总结,指出本书的局限和未来研究方向,并提出相关政策建议。

第五节　主要创新

第一,本书采用离散选择模型构建了一个适用于中国审计市场的需求模型,能够依据公司特征(资产、财务情况、业务复杂度等)以及会计师事务所特征(声誉、费用等),预测其如何影响公司对会计师事务所的选择。首先,该模型能定量研究公司对会计师事务所的偏好,且预测公司选择的事务所与实际选择的事务所拟合度较高,能有效帮助市场参与者及政府理解审计市场的运行,并为探讨监管部门相关政策实施效果提供了重要的研究基础。其次,该模型能反事实研究未实施政策(事务所退出)和推广政策实施范围(事务所强制轮换)的影响,并克服了已有研究难以区分会计师事务所轮换类型的不足(Geiger and Raghunandan,2002;Johnson et al.,2002;Carcello and Nagy,2004;Chen et al.,2008;Daniels and Booker,2011),进而无法单独研究会计师事务所强制轮换影响的不足。最后,以往研究多将"四大"审计服务视为无差异性产品，但这与实际数据不符。该模型将"四大"审计服务视为差异性产品，细化研究了公司对"四大"的偏好与选择，从现实角度进一步研究了审计市场产品。

第二，本书从福利角度丰富和拓展我国审计市场的相关研究。现有研究主要从审计质量、审计定价、市场竞争态势角度入手研究审计市场（刘桂良和牟谦，2008；陈艳萍和杨淑娥，2010；曾亚敏和张俊生，2012；李江涛等，2013；刘行健和王开田，2014；闫焕民等，2015；孔宁宁和李雪，2016；O'Keefe et al.，1994；Catanach Jr. and Walker，1999；DeFond et al.，1999；Myers et al.，2003；Muzatko et al.，2004；Ghosh and Moon，2005；Lennox and Li；2012；Dunn et al.，2013；Bleibtreu，2017），对我国审计市场福利的研究也仅从理论定性分析（李眺，2003；夏冬林和林震昃，2003；刘明辉和徐正刚，2006），鲜有文献定量分析探讨我国审计市场福利。本书从消费者剩余角度出发，定量分析了审计市场上会计师事务所退出、会计师事务所强制轮换制度以及会计师事务所转制的影响及经济后果，从福利角度补充和完善了我国审计市场的研究，结论更具一般性和直观性。同时，针对我国审计市场结构的独特性，拓展研究了不同审计市场结构中相关政策的经济后果，为我国监管部门提供了理论参考。

第三，从动态角度丰富和拓展了审计市场结构的相关研究。现有研究多静态分析审计市场的结构特征（刘桂良和牟谦，2008；陈艳萍和杨淑娥，2010；DeFond et al.，1999），本书分析了我国审计市场与英美等国的较大差别，并通过探讨大、小客户市场的进入壁垒，从动态角度分析我国审计市场结构，剖析了其市场供需不平衡的割裂状态。表明通过做大做强中小会计师事务所，进一步优化我国审计市场结构，能使审计市场的供给更满足公司的需求，促进审计市场全面良性竞争，防止社会福利损失。

第二章

文献综述

国内外研究多围绕审计市场结构、行为和绩效及相互关系分析审计市场，以促进审计市场有序运行，实现福利最大化。政府公共政策是优化审计市场，实现福利最大化的重要推动力，因此本书从我国上市公司审计市场福利出发，分析政府相关政策对社会福利的影响。本章文献综述主要围绕审计市场结构与竞争、会计师事务所轮换以及会计师事务所转制三类相关研究展开。

第一节　审计市场结构与竞争的相关研究

审计市场结构是指会计师事务所所占的市场份额及其在行业中的相对地位。审计市场竞争是依赖于审计市场结构的一种动态竞争行为。审计市场有效竞争必须以审计质量为首要竞争规则，否则会造成审计市场的竞争无序和市场混乱，甚至造成审计市场的萎缩和消亡。20世纪60年代，一方面，美国"八大"会计师事务所的垄断地位为社会和监管部门所诟病；另一方面，"八大"的审计质量却显著高于其他会计师事务所。这引起了较多学者对此的深入研究，其目的在于寻找适合审计市场发展的结构，以促进审计市场的有效竞争。

一　国外研究进展

对审计市场的开创性研究源于 Zeff 和 Fossum（1967），随后市场集中度也成为探讨审计市场的主流指标，该指标主要基于大型会计师事务所探讨审计市场结构及会计师事务所之间的竞争状况。计算指标主要有 CR 指数和 HI 指数。CR 指数是指产业集中度（Concentration Ration），即产业内规模处于前几位的会计师事务所相关数据占审计行业汇总数据的比重。计算公式如式（2-1）所示：

$$CR_n = \sum_{i=1}^{n} X_i / \sum_{i=1}^{N} X_i \qquad (2-1)$$

其中，CR_n 为审计市场前 n 家最大会计师事务所的有关数值的比重，X_i 为第 i 个事务所的有关数值，N 为审计市场事务所总数。这里 X 的取值可以采用客户的营业收入、审计收费、客户数量、客户资产等。HI 指数是指赫芬达尔指数（Herfindahl Index），该指数（离散度）是反映产业中厂商规模分布的指标。计算公式如（2-2）所示：

$$HI = \sum_{i=1}^{N} \left(\frac{X_i}{T}\right)^2 \qquad (2-2)$$

式中，N 为审计市场会计师事务所总数，X_i 为第 i 家事务所的规模，T 为审计市场的总规模。与 CR_n 的计算一样，这里的 X 取值可以采用客户的营业收入、审计收费、客户数量、客户资产等。其中，CR 指数测算相对容易，且能较好地反映产业内垄断和竞争程度，因此被广泛地用以研究审计市场结构（Zeff and Fossum，1967；Rhode，1974；Schiff and Fried，1976；Dopuch and Simunic，1980；Eichenseher and Danos，1981）。

美国经济学家贝恩通过计算 CR 对市场结构进行划分，即根据产业内前 4 位、前 8 位计算指标 CR4 及 CR8 来定性区分市场结构类型。这种方法称为贝恩分类法，是划分市场结构最常用的方法，具体标准如表 2-1 所示。Zeff 和 Fossum（1967）基于 1965 年《财富》500 强公司为研究对象，以被审计公司的数量、资产规模、营业收入及净收益等计算 CR4 和 CR8，发现"八大"在各个行业都是具有领军优势的会计师事务所，但其主导程度因行业不同而差异较大。基于贝恩的市场结构分类，他们认为当时的美国审计市场集中度较高，属于寡占型审计市场结构。

表 2-1　　　　　　　　贝恩的市场结构分类

结构类型 ＼ 市场集中度	CR4	CR8
寡占 I 型	85% ≤ CR4	—
寡占 II 型	75% ≤ CR4 < 85%	85% ≤ CR8
寡占 IV 型	50% ≤ CR4 < 75%	75% ≤ CR8 < 85%
寡占 V 型	35% ≤ CR4 < 50%	45% ≤ CR8 < 75%
竞争型	30% ≤ CR4 < 35%	40% ≤ CR8 < 45%
分散竞争型	CR4 < 30%	CR8 < 40%

资料来源：陈汉文等：《实证审计理论》，中国人民大学出版社 2012 年版。

随后，审计市场结构成为学者们探讨的热点问题，他们主要从衡量指标及研究范围来深入研究。Rhode（1974）、Schiff 和 Fried（1976）、Tomczyk 和 Read（1989）基于会计师事务所收入、被审计公司数量、公司收入、公司资产，分别计算了美国审计市场的 CR，并支持了 Zeff 和 Fossum（1967）的结论。Dopuch 和 Simunic（1980）将研究范围扩大到美国 1965—1975 年的 32 个行业，通过计算 CR 分析审计市场集中度，结论同样与 Zeff 和 Fossum（1967）类似。Eichenseher 和 Danos（1981）通过扩大审计市场集中度的衡量指标，同时使用 CR 和 HI 指标来研究审计市场结构。他们认为 CR 更适合于以审计费用为计算标准，由于审计费用难以获取，可选用客户资产的平方根和市值的平方根替代审计费用。研究结果同样证明了审计市场的高集中度现象。Tonge 和 Wootton（1991）则将研究范围扩大到美国三大证券市场，结合 CR 和 HI 分析市场集中度，发现 CR4 已经达到 70%，CR8 则达到 96%，最大的四家会计师事务所囊括了市场上 69% 的公司。当时较多文献基于美国研究认为其审计市场是一个高度集中的寡占型市场结构。

Beattie 和 Fearnly（1994）以英国审计市场为研究对象，发现英国也是寡占型市场结构。Schaen 和 Maihoor（1997）研究了比利时审计市场，同样发现市场集中度很高。Walker 和 Johnson（1996）梳理了有关澳大利亚、英国、丹麦以及新西兰审计市场集中度的文献，发现这些国家审计市场集中度较高，而且有进一步上升趋势。De Beelde（1997）对比研究了 14 个国家并涵盖 25 个行业，研究发现，不同国家之间审计市场集中度的差异性较大。其中，美国集中度最高，其次是欧洲和日本，法国最低。

可见，早期的研究主要运用描述性统计的方法来研究审计市场结构。随着西方寡占型审计市场结构的形成，监管机构开始对审计市场的竞争状况产生怀疑。具体而言，即认为大型会计师事务所垄断审计市场，并由此引发社会的广泛关注。学者对审计市场的关注焦点在于高集中度是否意味着共谋和竞争的缺失，这种市场结构是审计市场的内在要求还是共谋行为的结果。共谋行为会损害市场的竞争，从而损害市场绩效。大规模事务所如果要达成合谋，就需要稳定的市场势力。Dopuch 和 Simunic（1980）的研究表明，只考虑《财富》500 强公司，1965—1975 年 32 个行业中就有 24 个行业的"八大"会计师事务所的市场份额发生了变动。他们进一步扩大研究范围，发现小规模公司加入后，"八大"事务所市场份额下降，且"八大"之间的市场份额有较大差异。基于此，他们认为这种不稳定的市场份额下，"八大"并不能形成共谋，因而高集中度并不意味着竞争的缺失。可见，寡头垄断市场结构是审计市场的内部因素形成，审计市场依然还是有效率的。

随着研究的不断深化，产业组织理论结构主义范式被用于分析审计市场，美国等西方这种寡占型市场结构对市场绩效的影响就成为研究重点。较多研究将审计质量作为审计市场绩效的研究核心，发现建立集中度较高的寡占型审计市场有利于审计质量的提高（GAO，2008）。DeAngelo（1981a）认为会计师事务所规模越大，其独立性越高。Dye（1993）提出"深口袋"理论，认为大型会计师事务所的诉讼成本较高，更有动力去提高审计质量。Terrence 等（1994）研究发现，高集中度的审计市场能提供更高质量的审计服务。Hackenbrack 等（2000）研究发现，限制审计市场定价竞争，会提升审计质量，也间接证明了这一论点。

二 国内研究进展

在经济转型和新兴市场的宏观背景下，我国学者也围绕审计市场结构和竞争进行研究，并取得了丰富的成果。我国1995年实施新独立审计准则，DeFond 等（2000）以 1993—1996 年证券审计市场为研究对象，发现新准则实施后，市场集中度显著下降。原因主要是新准则实施后，会计师事务所更易出具非标审计意见。由于上市公司缺少对高审计质量的需求，因而会选择小规模事务所，导致审计市场集中度降低。吴溪（2001）的研究结论也类似，1997—1999年，监管环境逐步严厉导致审计市场集中度呈下降趋势。同时，他发现2000年后，随着会计师事务所合并的兴起，审计市场集中度上升。他认为，政府对会计师事务所合并的鼓励和政策引导，扭转了市场集中度下降的趋势，有利于审计市场有序运行。随后，余玉苗（2001）通过对我国审计市场描述性统计分析，发现拥有客户数量前十的会计师事务所的客户数量之和所占份额仅为31.8%，这表明审计市场集中度较低。此外，公司都倾向选择本地会计师事务所，地域性较强。这种市场结构有损于审计质量，也不利于我国会计师事务所实现规模经济，因此我国应推动建立寡占型审计市场结构。张立民和管劲松（2004）以赫芬达尔指数衡量审计市场集中度也得到一致结论。易琼（2002）基于审计收费为标准计算 CR 指标，发现我国审计市场集中度不断提高，且脱钩改制的1999年上升幅度最大。这表明我国审计市场逐步向寡占型市场结构发展，审计效率也在逐年增加。夏冬林和林震昃（2003）同样基于审计费用发现我国"四大"市场份额仅占 30.32%，认为审计市场集中度较低且为竞争性市场，这种市场结构会损害审计质量。进一步研究发现，随着上市公司资产的增大，审计收费与资产比值越小，这主要是由于规模效应和大客户市场竞争激烈造成的。周红（2002）分析了英美法审计市场结构，认为当时我国审计市场可归纳为：大事务所太小、小事务所太少，并提出了可借鉴于我国审计市场发展的建议。

参考英美等西方审计市场结构，结合我国制度背景，如何构建审计市场有效结构成为我国学者关注的重点。刘桂良、牟谦（2008）研究发现审计质量与审计市场集中度呈正相关关系，许汉友和杨政（2008）研究却认为审计独立性与审计市场集中度并没有正向相关。不过，较多学者认为高集中度是我国审计市场的发展趋势（余玉苗，2001；许汉友和杨政，2008）。刘明辉等（2003）基于客户数量计算审计市场集中度，探讨我国审计市场结构与审计质量的关系，研究发现两者呈倒"U"形关系。他们认为我国应建立寡占型审计市场结构，以提高审计质量和会计师事务所的国际竞争力。但也有学者得出不同结论。周红（2005）以世界最大 40 家会计师事务所和美国审计 100 强为研究对象，发现国际审计市场集中度在下降，"四大"的寡占市场地位也在减弱，同时她认为审计市场集中度和股票市场集中度相适应时才是最优选择，这为我国审计市场结构提供了参考。因此，我国审计市场需要推动中小型事务所发展以满足大型公司的审计需求，同时避免审计市场集中度上升速度过快。

在我国监管部门的推动之下，我国审计市场的集中度不断提高。耿建新和房巧玲（2005）通过聚类分析法，发现我国已发展形成十余家大型会计师事务所。但是，学者的研究成果表明，本土所仍需进一步发展才能与"四大"竞争。彭桃英和刘继存（2008）选择客户数量和客户资产计算审计市场集中度，并从静态和动态比较计算。研究发现，近年我国审计市场集中度的提高主要源于外资所市场份额的提高，而国内大型会计师事务所竞争优势不明显，且事务所之间换位频繁，竞争激烈。刘明辉和徐正刚（2005）也分别对"四大"与本土所进行研究，同时还区分了大、小客户市场。研究发现，"四大"在大客户市场上已有明显的规模经济效应，但本土所呈规模不经济状态。他们分析了制约本土所发展的原因，包括：准入管制、价格管制、监管当局不信任、事务所内部管理混乱和缺乏国际经验等。漆江娜等（2004）从审计需求角度对"四大"和本土事务所进行对比分析，发现"四大"的审计收费和审计质量均高于本土事务所，结果表明上市公司尤其是大公司愿意为高品牌事务所支付高费用。陈艳萍和杨淑娥（2010）通过研究整个审计市场，发现自2002年来市场集中度虽逐年上升，但仍处于较低水平，本土所竞争十分激烈。他们通过进一步单独研究证券审计市场，发现市场集中度在1993—1999年逐年下降，在2000年以后稳中有升。证券审计市场正在向中（下）集中寡占型发展。曾亚敏和张俊生（2012）以会计师事务所合并案为研究对象，发现随着会计师事务所"强强联合"，本土所市场力量在逐渐增强，但与"四大"之间还存在十分明显的差距。

综上，英国、美国等国审计市场起步较早，目前已经形成寡占型市场结构。我国审计市场自脱钩改制以来，审计市场集中度逐年上升，但本土所竞争激烈，市场势力与"四大"存在明显差距。未来应进一步提升本土所竞争力，提高审计市场集中度，向适应资本市场结构的寡占型市场发展。我国学者在计算审计市场集中度时多以CR指标为衡量标准，研究成果的差异性可能是由于度量基础不同造成的，前期由于审计收费未完全公开披露，学者多选用客户数、客户资产总额和营业收入等指标。

第二节 会计师事务所强制轮换

一 强制轮换的背景

1938 年，迈克森·罗宾逊药材公司倒闭事件将会计师事务所轮换这一问题提上议程。该公司董事长和他的兄弟侵占公司资产近290 万美元，而公司聘请的普华永道会计师事务所却一直没有发觉并报告。这导致会计师事务所一直以来执行的程序、原则和执业标准遭受前所未有的关注和讨伐。由于该公司十余年来均聘请普华永道会计师事务所审计其财务报表，SEC 在就该事件的公众意见听证会上，提出了会计师事务所轮换问题。这在当时引起了激烈的争论，但多数意见认为，会计师事务所轮换后，会增加的初始成本及失去的对公司的熟悉和经验会使这一政策弊大于利，导致该政策搁浅。Blough（1951）认为只有在特定①情况下，会计师事务所轮换才对公司是有利的，否则会计师事务所轮换会导致较大损失。McLaren（1958）也认同这一观点，他认为会计师事务所轮换不仅违背客户的利益，也损害公众的利益。随后，学者也展开了争论，但没有取得一致意见（Keyser，1967；Seidman，1967a；Seidman，1967b）。不过，由于第二次世界大战的爆发，重大审计失败的案例也没有再出现，因此当时学者关于该问题讨论较少。

到 20 世纪 70 年代，会计师事务所强制轮换重新成为社会争论的焦点。1976 年 12 月，美国参议院工作委员会下设小组委员会的报告（U. S. Senate，1976）指出随着审计任期的增加，事务所为了留住客户更容易屈服于客户的压力，造成审计独立性下降，因此建议国会采用事务所轮换以提高审计市场的竞争程度。AICPA 下设的

---

① 公司对会计师事务所胜任能力丧失信息，认为其已经不能提供高质量的审计服务时，变更会计师事务所才是有利的。

审计师责任委员会迅速做出了反应，该委员会认为会计师事务所强制轮换成本过高，财务报表使用者的损失大于获得的好处。AICPA于 1992 年公开表明：会计师事务所强制轮换并不符合公众的利益。

21 世纪初，一系列的重大财务丑闻和安然事件使社会公众对会计师职业界丧失信心，监管部门和公众再度关注会计师事务所强制轮换政策。美国审计总署（Government Accountability Office，GAO）应 SOX 法案的要求，对会计师事务所强制轮换的影响及后果进行了研究。GAO（2003）研究报告表明，大型会计师事务所合伙人和《财富》1000 强中大多数公众公司高层管理者均认为强制性轮换的成本大于收益，结论认为"考虑到轮换增加的财务成本以及前任事务所掌握相关知识和信息的损失，会计师事务所强制轮换可能并不是提高审计独立性和审计质量最有效的方法"。但是，一些相关组织和机构已经相继对会计师事务所强制轮换表示了支持。美国教师退休基金会（TIAA‐CREF，美国最大的理财服务之一）及公共信托和私人委员会（2003）都公开表明强制性轮换能提高审计质量。美国劳工联盟（AFL‐CLO）也在对众议院金融服务委员会的证词中建议 SEC 实施会计师事务所轮换。SEC 前主席威廉姆斯（H. Williams）同样建议美国参议院出台相关强制轮换规定，以保护审计独立性。

二 支持强制轮换的研究

通常，支持会计师事务所强制轮换的观点认为两者长期合作导致关系过密，往往会侵蚀事务所的独立性和客观性。基于此，国外学者探讨了审计任期与审计质量的关系，Palmrose（1989）采用审计外勤时间衡量审计质量，结果表明审计任期与审计质量呈负相关。Davis 等（2000）研究发现随着审计任期增加，可操控性应计利润绝对值增加，分析师预测误差绝对值下降。这表明随着审计任期的增长，审计质量下降，财务报告却更能迎合分析师预测。Pierre和 Anderson（1984）通过相关诉讼案件，发现与三年或以下审计客户有关的仅占 23%。O'Keefe（1994）研究也发现会计师事务所首次接受委托比续约更遵循公认会计准则。Dao 等（2008）对股东调查发现，随着审计任期的增加，大部分股东认为审计任期较长会导致审计质量下降，因而倾向于换所。

此外，学者还直接探讨了会计师事务所强制轮换对审计质量的影响。Brody 和 Moscove（1998）研究发现会计师事务所轮换能有效减轻客户对其的不利影响，提升审计质量。Imhoff（2003）认为在强制轮换制度下，事务所无须取悦客户，有利于审计质量，因此应在美国实施这一制度。Dopuch 等（2001）实验考察了四种情形，分别是：不要求强制轮换和保留、仅要求强制保留、仅要求强制轮换和既要求强制轮换又要求强制保留，结果表明强制轮换或保留均能提高审计独立性。美国独立准则委员会（Independence Standards Board，ISB）在 2001 年发布的《审计人员独立性概念框架（征求意见稿）》指出，强制性轮换会计师事务所有助于审计师发布无偏审计意见，不过审计费用会提高。

有学者认为只有在特定的市场结构或对特定客户才适合实施会计师事务所强制轮换制度。Gietzmann 和 Sen（2002）认为会计师事务所强制轮换的成本较高，只有在大客户较少的市场中，强制轮换提高审计独立性的收益才能超过带来的成本。Nagy（2005）基于安达信解体事件，研究被迫改变会计师事务所对审计质量的影响。研究结果表明，只有小公司从安达信转到另一所国家 N 大会计师事务所，才能提高审计质量的效果。Nasser 等（2006）以马来西亚财务危机公司为研究对象，他认为应对财务危机公司实施强制性轮换，这一结论得到 Stefaniak 等（2009）的赞同。

在我国，相继发生的一系列审计失败案件，也使会计师事务所陷入失去信任的泥潭，如何对审计行业实行有效监管受到广泛关注，在国内实行会计师事务所强制轮换制度的呼声也逐渐高涨。在规范研究方面，曾华和隋庶（2002）认为会计师事务所与被审公司的长期合作关系是造成审计舞弊的主要动因，并提出会计师事务所"轮换"能帮助投资者和管理者对公司进行重新审视，促进会计师事务所提高审计质量。曹伟和桂友泉（2003）探讨了会计师事务所轮换对各方利益体可能造成的影响，并认为有必要实现会计师事务所轮换制度。刘骏（2005）围绕会计师事务所强制轮换对审计独立性的影响进行了全方位的理论分析，认为强制轮换事务所不仅能冲淡两者长期合作形成的融洽氛围，而且能减轻事务所保留客户的压力，最终提升审计独立性。李兆华（2005）从博弈论角度出发，提出定期轮换制度能有效防止会计师事务所与公司"共谋"，倡导在我国推行定期轮换事务所制度。

近年来，我国学者关于会计师事务所强制轮换的可行性实证研究，主要围绕审计任期与审计质量的关系来探讨。陈信元和夏立军（2006）研究发现审计任期与审计质量呈倒"U"形，在审计任期6年时两者关系方向发生变化。刘启亮（2006）同样考察了审计任期与审计质量的关系，研究发现两者呈负相关。相对于长审计任期（5年以上），短审计任期（小于5年）里盈余管理的增长幅度更大。总体而言，支持者认为较长审计任期会导致审计质量的下降，因此我国应推行事务所轮换制度。

总之，支持者多围绕公司与事务所的长期合作关系会影响审计独立性来探讨，他们认为会计师事务所强制轮换能减轻这种"亲密关系"带来的影响，提高审计独立性，进而提高审计质量。因此，支持者认为需要实施会计师事务所强制轮换政策，促进审计市场健康发展。

三 反对强制轮换的研究

与上述研究结论相反，反对者认为会计师事务所强制轮换将对审计质量产生负面作用。学者主要围绕审计任期与审计质量的关系展开研究。Myers等（2003）采用非操控性应计利润作为衡量指标，研究发现审计任期越长，审计质量越高。Johnson等（2002）基于审计任期分为短审计任期（2—3年）、中审计任期（4—8年）和长审计任期（9年以上），研究发现，短审计任期的财务报告质量比中审计任期更低，但没有证据证明长审计任期财务报告质量会下降，研究结论间接为反对会计师事务所强制轮换提供了证据。AICPA（1992）基于 1979—1991 年 406 起审计失败案例，研究发现审计失败在任期前两年发生的概率是其他时间的 3 倍。与上述结论类似，Geiger 和 Raghunanda（2002）以美国证券市场的破产公司为研究对象，以审计意见为审计质量衡量指标，通过实证检验发现审计失败在短审计任期发生的可能性更大。Carcello 和 Nagy（2004）将审计任期分为较短任期（1—3 年）、中期任期（4—8 年）和较长任期（超过 8 年），研究发现欺诈性财务报告更可能发生在任期的前三年，而在中期审计任期与较长审计任期之间没有显著区别。可见，在审计业务关系建立的初期容易发生审计失败，且较长审计任期并不会损害审计质量。审计任期越长，能更有效地判断破产前景（Geiger and Raghuman，2002），能够更有效地阻止和识别可能的欺诈行为（Carcello and Nagy，2004）。Ruiz-Barbadillo 等（2009）对比研究了西班牙实施强制轮换期间和不实施强制轮换期间，发现强制轮换制度并不会提高出具非标意见的概率，研究结论不支持强制轮换制度。

另一些研究从审计质量感知角度出发。Ghosh 和 Moon（2005）采用盈余反应系数（Earnings Response Coefficient，ERC）衡量投资者感知的盈余质量，研究发现，审计任期越长，投资者和投资中介均认为感知的盈余质量越高。Mansi 等（2004）采用利息和相匹配的国库券利息差额衡量债务成本，研究发现审计任期与债务成本负相关。这说明债券持有人认为审计任期越长，审计质量越高。Daniels 和 Booker（2011）通过实验研究发现，虽然实施会计师事务所强制轮换时，信贷经理认为其审计独立性会提高，但是会计师事务所强制轮换政策和审计任期均不会改变信贷经理对审计质量的感知。Kaplan 和 Mauldin（2008）从投资者感知角度出发，发现对于强制性会计师事务所轮换和合伙人轮换，非职业投资者对审计独立性的感知没有显著差异，这说明在《SOX 法案》已经要求合伙人轮换后，没有必要进一步要求会计师事务所强制轮换。Lu（2006）和

Teoh 等（1992）的研究结果同样反对强制性会计师事务所轮换，因为自愿更换会计师事务所能向外界传递负面信号，而实施强制性轮换政策则降低了这一信息含量。

会计师事务所强制轮换之所以不会提高审计质量，主要是由于该政策对专业胜任能力的损害。一方面，会计师事务所对新公司近几年的业务经营及内控系统不了解，较难准确地判断其财务状况。另一方面，固定的审计任期使得会计师事务所失去动力投入时间、资源了解特定行业。Palmrose（1991）研究发现，会计师事务所在审计任期初期对客户特殊风险难以识别，对可能存在的问题也缺乏经验，这导致其专业胜任能力缺失，容易发生审计失败。普华永道于 2002 年指出，在审计初期由于事务所缺乏对客户特定风险的了解，容易出现审计失败。2003 年全球第五大会计师事务所博德豪（BDOSeidman）宣称，较长审计任期有助于提高会计师事务所识别客户重大风险的能力。Kwon 等（2014）以操控性应计利润衡量审计质量，研究发现事务所强制轮换对审计质量并没有显著影响。

此外，反对者还认为会计师事务所强制轮换还会带来额外成本。AICPA（1992）指出，如果实施会计师事务所强制轮换，管理层需要花费时间和成本重新选择事务所，而新任事务所需要投入更多人力和资源以了解和熟悉被审公司，这都会增加客户公司的成本，最终使增加的成本可能超过带来的潜在收益。科恩委员会（Cohen Commission，1978）提出，会计师事务所每次承接新客户都需要重复初始成本，例如投入了解客户所需的时间，事务所轮换将无疑增加审计成本，且审计效率的下降也会增加审计成本。美国参议员Hills（2002）指出，由于会计师事务所存在学习效应，强制轮换制度必然增加其审计成本。GAO（2003）认为，会计师事务所强制轮换会带来额外的成本，但收益却难以预计和量化。

我国学者余玉苗和李琳（2003）通过规范研究，认为审计任期对审计质量的影响不是单一化的，不能简单认为两者是正相关还是负相关，并指出当前我国不必通过实施会计师事务所轮换制度来提高审计质量。李东平等（2001）认为自愿更换会计师事务所的主要原因是前一年的"不清洁"审计意见。如果实施强制轮换会计师事务所制度，那么投资者将失去这一信息，增加了市场的信息不对称性。汪月祥和王菊仙（2008）对我国已实施事务所轮换制度的中央企业调查，超过半数的被访公司认为事务所轮换带来了较高的审计成本，而审计质量并未发生实质性改变。汪月祥和孙娜（2009）同样通过问卷调查对已实施强制轮换制度的央企进行研究，发现企业认为强制轮换事务所在增加企业成本的同时，并没有改善审计质量，主要原因在于继任会计师事务所对企业状况缺乏了解，而且也不会因轮换提高其职业道德水平；而会计师事务所认为，强制轮换制度虽然增加了审计独立性，但是造成审计成本增加，收益降低。谢盛纹和闫焕民（2014）通过比较签字注册会计师轮换与会计师事务所轮换两种模式，结果显示会计师事务所轮换带来更高的成本，却提供了更差的审计质量，研究认为对推行会计师事务所轮换制度需要谨慎斟酌。可见，我国有学者认为事务所轮换对审计质量并没有提升作用，反对在我国实施事务所层面的轮换制度。

综上，反对者认为会计师事务所强制轮换不仅会带来额外审计成本，增加企业负担，而且对审计质量没有明显提升作用，甚至由于专业胜任能力的缺失在审计初期还容易发生审计失败。因此，反对者认为没有必要实施会计师事务所强制轮换制度。

四　强制轮换之争的结果

2002年6月25日美国国会通过的《SOX法案》规定了审计项目合伙人和复核合伙人的轮换期，我国紧随其后也要求轮换审计项目负责人和签字注册会计师，这种合伙人层面的轮换在许多国家都已经实施。美国审计署认为，当前审计合伙人的轮换和其他要求足以实现对审计独立性的保障，事务所层面轮换可能并不是增加审计独立性和提高审计质量的最有效途径。最终美国国会没有采纳会计师事务所轮换制。爱尔兰和澳大利亚对是否实行会计师事务所定期轮换进行研究后，认为实施该政策不符合成本效益原则。西班牙和加拿大曾短期实行过强制轮换，但后来由于成本收益不配比或轮换目的已实现等原因已被取消。2016 年 6 月，欧盟开始实行会计师事务所轮换制。我国从 2004 年起对中央企业实施了事务所强制轮换制度，且在 2010 年进一步要求国有及控股金融企业定期轮换事务所。

总的来说，支持者认为实施会计师事务所强制轮换政策能增加审计独立性，提高审计质量。反对者则认为事务所轮换在大幅增加审计成本的同时对提高审计质量的作用微乎其微。目前，强制轮换会带来额外成本这点已经成为共识，但对于会计师事务所强制轮换带来的潜在收益是否大于带来的额外成本还有待研究。

第三节　会计师事务所转制

一　转制背景

会计师事务所组织形式不仅涉及其内部各生产要素所有者的利益，而且直接与注册会计师法律责任的承担范围有关，是影响审计行业发展的重要因素。美英等国审计产生较早，其发展历程和我国也有所区别。通过考察美英等国组织形式的变革，对我国完善审计组织形式，促进审计行业健康发展有重要意义。因此，本章从英美转制背景及相关研究入手，结合我国转制背景及研究成果，探讨我国事务所转制带来的影响。

（一）美英等国会计师事务所转制背景

20 世纪 90 年代，全球经济恶化带来公司不断破产倒闭，随之带来的法律责任也使会计师事务所不堪重负。普通合伙制会计师事务所需要承担无限连带责任，这导致包括拉文索[①]在内的很多大型会计师事务所付出惨痛代价。拉文索的破产震动了包括会计师、律师在内的以合伙制作为其组织形式的专业人士，他们推动了美国第

---

① 拉文索是当时排名第七的大型会计师事务所，因支付巨额赔款而破产。

一部《有限责任合伙法》1991 年在得克萨斯州通过（陈汉文等，2009）。这部法律解决了普通合伙制下注册会计师的"无妄之灾"，又保留了会计师事务所和注册会计师的法律责任。学者也探讨了合伙制与有限责任制组织形式对注册会计师行业的影响，Clark 和 William（2000）通过模型分析，证明了有限责任合伙制是一种适合专业性行业的组织形式，John（2000）也得出了类似结论。因此，有限责任合伙制作为一种普通合伙制的变形迅速被全社会接纳，并成为英美会计师事务所组织形式的首选。

（二）我国会计师事务所转制背景

1994 年颁布的《中华人民共和国注册会计师法》要求会计师事务所组织形式必须是合伙制或有限责任制，我国会计师事务所大多数选择了有限责任制。至 1999 年脱钩改制结束，我国共有 4065 家会计师事务所选择了有限责任的组织形式，占总数的 88%，且地区差异性较大。但合伙制组织形式并不利于我国审计市场的发展。2002 年，我国政府开始力推会计师事务所向合伙制转换。尽管如此，截至 2008 年，合伙制会计师事务所占比仍不足 20%。我国会计师事务所组织形式这种失衡与我国市场环境有关，当时我国审计市场发展历史较短，行业内普遍重"资合"轻"人合"，故而能最大限度地保护合伙人财产的有限责任制便成为我国会计师事务所的主流形式。

随着我国审计市场的逐渐繁荣，有限责任制组织形式成为会计师事务所进一步发展的阻碍。原因在于：①"人"是会计师事务所最核心的资产，但有限责任制强调"资合"，因此这种组织形式不利于会计师事务所健康发展。②有限责任制对事务所股东人数有所限制，这不利于会计师事务所扩大规模。③有限责任制事务所的责任相对弱化，导致注册会计师难以保证恰当的谨慎性，甚至可能因追求利益而失去职业道德。④有限责任制需要"双重纳税"，这会导致会计师事务所承担税收相对较重。许多学者也探讨了我国会计师事务所适合的组织形式，如余玉苗和陈波（2002）认为会计师事务所应避免主要资产的投资扭曲问题，应给予事务所自主选择组织形式的权利。朱小平和叶友（2003）分别从委托代理关系、所有权结构、生产要素和内部决策程序四个方面分析，认为会计师事务所组织形式更适合采用合伙制而不是有限责任制。袁园和刘骏（2005）认为应加强对会计师法律责任的制度约束，取消有限责任制的组织形式。杨瑞平和吴秋生（2008）则认为需要规范会计师事务所对组织形式的选择，这样才能建立健全的内部治理结构及机制。鉴于此，我国政府开始改变我国会计师事务所组织形式，从有限责任制转制为特殊普通合伙制。

《中华人民共和国合伙企业法》规定："特殊普通合伙制"是"普通合伙制"的一种特殊形式，适用于以专业知识和专门技能为客户提供有偿服务的会计师事务所等机构。2007年，深圳经济特区在《深圳经济特区注册会计师条例》中率先提出：深圳经济特区会计师事务所只能采取普通合伙制和特殊普通合伙制，有限责任事务所应当逐步改为合伙会计师事务所。随后，我国政府开始大力推行事务所转制在我国全面展开，相关政策文件见表2-2。截至2013年年底，具有证券资格的会计师事务所均已完成转制，标志着我国注册会计师行业一项新变革的顺利完成。

表2-2 我国事务所转制相关政策文件

年份	政策文件
2009	《国务院办公厅转发财政部关于加快发展我国注册会计师行业若干意见的通知》
2010	《关于推动大中型会计师事务所采用特殊普通合伙组织形式的暂行规定》
2011	《大中型会计师事务所转制为特殊普通合伙形式实施细则》
2012	《关于证券资格会计师事务所转制为特殊普通合伙会计师事务所有关业务延续问题的通知》
2012	《中外合作会计师事务所本土化转制方案》

中国的"特殊普通合伙"与欧美国家的"有限责任合伙"有很

多相通之处，不同的是我国主要是由有限责任制转制为特殊普通合伙制，扩大了注册会计师的法律责任。特殊普通合伙制要求合伙人对其故意或重大过失造成会计师事务所的债务承担无限连带责任，而其他合伙人仅以其出资额为限承担责任。可见，特殊普通合伙制是在普通合伙制和英美有限责任合伙制基础上的创新。这种组织形式既能保护无过失合伙人，又能对有过失合伙人有法律约束，通过将两者的法律责任适度分离避免了无过错合伙人为其他人的重大过失"埋单"。此外，特殊普通合伙制还打破了股东人数的限制，且解决了"双重纳税"问题。因此，这种组织形式有利于会计师事务所健康发展，在保证审计质量的前提下做大做强。

二 转制影响的相关研究

英美会计师事务所是从普通合伙向有限责任合伙转制，这种转制主要是减轻了会计师事务所的法律责任。因此，国外学者大多从减轻会计师事务所责任角度探讨转制对审计师行为及审计质量、审计定价的影响。Dye（1993）利用数理模型证明，在最优法律责任制度下，注册会计师事务所会增加审计程序以保护自身财产。Chan和Pae（1998）则认为，法律责任的降低会导致审计师降低个人努力和审计质量。Muzatko（2004）基于对美国会计师事务所从普通合伙转制为有限责任合伙的研究发现，转制会造成IPO折价显著提高，间接表明了对审计质量的不利影响。但是，Lennox和Li（2012）以英国为样本研究发现，事务所从普通合伙制转为有限责任合伙制后审计质量没有显著降低。目前，国外研究主要集中于分析普通合伙制转制为有限责任制，对我国的借鉴意义有限。

我国会计师事务所从有限责任制转制为特殊普通合伙制，主要变化在于法律责任的加重，而法律责任是约束注册会计师行为的一种有效机制，这会带来审计质量、审计费用及其他各方面的变化。就理论而言，特殊普通合伙制比有限责任制的法律风险更高，注册会计师会提高执业谨慎性，投入更多的人力、物力和工作时间等审计资源以执行必要的审计程序，确保自己的工作不存在重大过失，提高审计质量以及审计成本。此外，法律责任和执业风险的提高将导致审计师收取更多的风险溢价，以弥补风险可能带来的损失，基于 Simunic（1980）审计定价模型，审计成本和风险溢价的提升均会带来审计定价的上升。

会计师事务所组织形式一直以来都是我国学者重点关注的领域。原红旗和李海建（2003）研究认为事务所组织形式对审计意见没有明显影响。Firth（2005，2012）基于我国事务所研究发现，与有限责任制相比，普通合伙制客户的审计报告更为稳健。逯颖（2008）研究也认为合伙制的会计师事务所执业质量更高。这间接为法律责任上升有利于审计质量提供了证据。黄洁莉（2010）总结了国内外会计师事务所转制的历程，以此为基础分析认为我国事务所应转为特殊普通合伙制。

对于我国会计师事务所转制的影响，学者主要是围绕审计质量和审计定价来探讨。会计师事务所转制主要带来法律风险的上升，Choi 等（2008）通过对比 15 个国家发现，法律风险越高的国家，审计定价越高。刘启亮和陈汉文（2012）研究发现转制后事务所更倾向出具非标审计意见，且客户更倾向于选择特殊普通合伙制的会计师事务所。刘行健和王开田（2014）研究则认为会计师事务所会提前应对转制带来的法律风险，即审计质量的改善在实际改制之前便得到实现。Liu 等（2011）以我国 2008—2011 年审计数据分析，发现事务所转制为特殊普通合伙制后，出具非标审计意见的概率及审计定价也上升。沈辉和肖小凤（2013）研究也发现会计师事务所转制会提高审计收费。但闫焕民等（2015）认为，对会计师事务所转制的研究不能脱离我国审计市场环境，并通过实证研究表明事务所转制后的审计费用率没有显著上升，即转制并未普遍增加公司审计费用负担。李江涛等（2013）研究发现，会计师事务所转制后审计收费上升，但这与事务所转制并没有直接关系。对于会计师事务所转制效果的发挥，孔宁宁和李雪（2016）认为，我国各地区发展不均衡的制度环境会对事务所转制和审计质量关系有调节作用。张健（2018）发现，公司的经营风险会影响会计师事务所转制对审计质量和审计定价的提升作用。可见，我国研究认为事务所转制能提高审计质量，但审计定价是否也随之上升尚未达成一致意见。

此外，也有学者从其他角度来探讨会计师事务所转制效果。王春飞和陆正飞（2014）从审计保险角度出发，认为会计师事务所转制为公司股票注入了保险价值，有利于投资者保护。曾亚敏和张俊生（2012）单独研究"四大"本土化转制，发现转制后市场反应积极，认为"四大"转制有利于提升其客户价值。李璐等（2017）则以公司 IPO 为视角，发现特殊合伙制事务所审计的公司 IPO 抑价更高，同时审计师声誉也会有调节作用。

总之，国内外学者从多个角度探讨了事务所转制导致其法律责任变化，从而带来的一系列影响。会计师事务所转制为特殊普通合伙制能提升审计质量，现有研究成果对这一观点已达成统一，但是对会计师事务所转制是否会提高审计定价尚未形成一致意见。因此，会计师事务所转制为特殊普通合伙制带来的效益是否能超过成本这一问题仍有待研究。

第四节　文献评述

本章梳理了与研究主题相关的文献，包括审计市场结构与竞争、会计师事务所强制轮换、会计师事务所转制等相关研究，并进行了简要评述。实现社会福利最大化是我国审计市场发展的首要目标。与我国大多数行业的发展轨迹类似，政府的行政力量是我国审计市场发展的核心推力。通过文献梳理可知国内外现有相关研究成果，为我们提供了较好的理论基础和研究方法的启示，但总体上存在一些局限。

首先，主流的审计市场研究根据市场结构与竞争评估审计市场的运行。西方审计市场多呈现高度集中的特征，已经进入或接近高寡占型审计市场结构，这是市场竞争和选择的结果。目前，处于初步发展阶段的我国审计市场整体集中度较低，"四大"竞争优势明显，非"四大"之间竞争激烈。我国审计市场发展目前面临的最大挑战之一便是审计市场结构不能与资本市场相匹配，大型事务所尚不能完全满足我国大型公司的审计需求。因此，研究认为我国审计市场未来应向建立寡占型市场结构发展。现有研究多从审计质量和审计定价等微观层面探讨我国审计市场结构是否有利于审计市场绩效，但未能从宏观层面对我国审计市场运行绩效做出评估。因此，本书拟从福利角度分析我国审计市场结构与竞争，进而探讨我国审计市场未来发展方向。

其次，会计师事务所强制轮换的提出主要源于外部对事务所与客户的长期关系可能损害独立性的担忧。现有研究主要围绕会计师事务所强制轮换对审计质量及审计成本的影响，研究结论认为会计师事务所强制轮换会增加审计成本，但对审计质量的影响没有取得一致意见。由于无法确切衡量这一政策带来的收益和成本，争论并没有明确的结论，各国最终采纳的政策也不一致。因此，从福利角度全面衡量会计师事务所强制轮换带来的成本和效益，从而恰当地评估实施该政策对我国审计市场的影响，是本书探索的方向。

最后，国内外关于会计师事务所组织形式的研究较为丰富，国外研究主要集中于会计师事务所从普通合伙制转制为有限责任合伙制对审计质量的影响，对我国的借鉴意义有限。我国研究主要集中于会计师事务所转制为特殊普通合伙制对审计质量和审计定价等微观层面的影响，现有研究对事务所转制会提高审计质量基本达成一致结论，但对该政策对审计定价的影响尚未形成统一意见，因而难以整体评估我国事务所转制对审计市场的影响。因此，从福利角度出发，事务所转制为特殊普通合伙制对我国审计市场成本和效益的影响仍有待研究。

第三章

理论基础

第一节 公共利益理论

公共利益理论是政府管制最早的经典理论之一。早在 1877 年穆恩诉伊利诺伊案（Munn v. Illinois）中，公共利益理论就成为政府管制的理由。这一理论假定政府管制是从公共利益角度出发，制定管理政策纠正市场失灵下的资源配置低效率和不公平，以实现社会福利最大化。政府管制是指政府凭借其法定的权力对经济活动所采取的管理和监督行为，以规范经济主体行为并促进市场有序运行，目的是确保社会福利与效率的最大化。市场失灵是审计市场需要管制的前提，公共利益理论便是基于这一前提，探讨了市场自然产生监管需求，并论述了可能的监管范围和目标。总之，公共利益理论认为政府监管的目的是保障公共利益，这也是本书主要的理论基础。审计信息的信任品特征、公共品属性及外部性是导致审计市场失灵的主要原因，这致使审计市场机制不能完全合理地配置资源，不能实现"帕累托最优"，政府需要通过管制干预、监管，以维护社会的总体福利。

审计产品是一个典型的信任品，即使用一段时间后也难以确定其质量的商品，这决定审计市场是一个典型的信息不完全且不对称市场。信息不完全是指经济主体未能准确掌握决策所需的所有信息以做出理性判断或决策。信息不完全强调的是审计服务消费者对会计师事务所提供的服务质量等信息的缺乏。信息不对称是指市场上交易双方中，某一方掌握私人信息，而另一方难以获取，一般而言信息不对称对交易双方均存在。信息的不完全和不对称容易导致道德风险和逆向选择。例如，在审计合约签订前，会计师事务所可能会谎报专业胜任能力，承接高于自身能力的业务。在审计合约签订后，会计师事务所可能未实施必要的审计程序以降低审计成本，甚至与管理层合谋出具虚假审计报告，而审计质量的难以观察性导致这类行为难以被察觉。这种市场失灵将导致"劣币追逐良币"，市场无法实现对资源的优化配置，需要政府以合适的方式干预。

审计产品的公共品属性和外部性也会引起市场配置的低效率，是产生政府管制的原因。一方面，公开的独立审计信息并不会因为使用者的增加而影响其他使用者对审计信息的使用。另一方面，审计信息很难将没有付费的使用者排除，或排除成本较高而不现实。前者属于审计信息的非竞争性，后者属于审计信息的非排他性。公司承担了审计信息的全部成本，而公司所有的利益相关者及社会公众则"搭便车"，并不必支付另外费用。这种正外部性有利于外界获取关于公司的会计信息，但公司却把这种正社会效益看成一种附加成本，这导致对高质量审计的需求不足，造成社会效率的损失。从生产角度看，注册会计师基于成本与效益的权衡，会选择边际成本等于边际收益的审计质量。这种审计信息对会计师事务所而言是最佳的，但对审计信息使用者及社会公众而言却绝非最佳。可见，审计产品的公共品属性和正外部性引发了政府对审计市场的监管要求，以保护弱势地位的公众利益，产生正的社会效益。

对审计市场的管制包括管制主体、客体和内容。管制主体包括政府部门、行业自律组织以及独立机构等。管制主体决定了审计市场管制的基本形态和管制模式。管制客体也即管制对象，本书中指会计师事务所和注册会计师。管制内容则包括宏观层面及微观层面。宏观层面包括法律制度环境，如会计师事务所的定期轮换和组织形式等。微观层面则包括审计市场的准入许可、注册会计师执业资格以及执业道德等方面。本书主要探讨宏观层面的政府管制。

第二节　福利经济学理论

20世纪初，英国经济学家庇古建立了福利经济学体系，将经济学的研究重心由增加财富转向增加福利。随后，福利经济学历经探讨与突破，整个体系更为完善。福利经济学以效用或功用理论为基础，探讨社会福利最大化的问题，可主要分为旧福利经济学和新福利经济学，两者均以实现社会福利最大化为目标。我国学者黄有光认为福利经济学是判断两个不同经济状况下的福利高低的经济理论，美国经济学家罗森认为该理论是围绕社会合意性的展开。总而言之，福利经济学可以理解为基于不同经济状态的福利增减来进行评估的经济理论，可用以判断某种经济制度的运行效果，其目标在于提出实现社会福利最大化的政策方案或改革措施。

一　福利的基本内涵

福利的定义是福利经济学的基本问题。在福利经济学发展早期，以庇古为代表的研究中便认为福利来自商品的消费，即用效用代替个人福利的大小。1988年，阿玛蒂亚·森（Amartya Sen）将福利概念理解为个人在生活中实现各种有价值功能的实际能力的组合。个人在拥有实现幸福或快乐这一功能的能力之后，才能产生幸福或快乐，从而增进福利。本书提及的福利概念相对狭义，主要是指从物质消费中获得的经济福利。社会福利是一个经济社会中所有个体的福利之和，是公众社会利益分配和选择所达成的结果。

二　新旧福利经济学理论及目标

庇古是旧福利经济学理论的代表人物，他以边沁的功利主义为哲学基础，建立了福利经济学理论体系。第一，庇古认为经济福利对社会福利具有决定性作用，可以用货币计量。第二，提出基数效用论。效用指消费者购买商品获得的满足水平，常用于衡量商品的价值。庇古认为商品的效用是可以用基数计量的。第三，将福利最大化界定为国民收入或物质财富最大化。他提出社会资源的最优配置原则。私人边际净产值等于社会边际净产值时，社会资源配置达到最优，社会经济福利达到最大。

新福利经济学兴起于 21 世纪 30 年代，以美国尼思·阿罗的"不可能定理"为标志，主要包括以下三个方面。第一，效用序数论。即物体的效用不能用数值表述，也就无法对个人之间的福利大小做比较。第二，帕累托福利标准。新福利经济学认为帕累托标准是对经济政策判断的标准。第三，提出社会福利函数，认为福利最大化应以个人自由为前提，合理分配社会资源，在资源有限的前提下实现资源配置效率最大化。但很遗憾，阿罗不可能定理指出这是不可能实现的，这成为新福利经济学的终结。

新旧福利经济学的最终价值目标都是实现社会福利最大化。个人福利最大化是指其获得的收入和心理满足的最大化，社会福利最大化则涵盖了社会资源的分配效率及取得的效益达到最佳。马歇尔的"消费者剩余"概念则是该理论下的重要分析工具，依据该概念判断政策是否有利于经济运行。消费者剩余是指消费者为了得到商品，最高的支付意愿减去市场价格的差值。个人福利主要受其购买商品所得的效用值影响，消费者剩余最大时，个人福利也最大。社会福利在其基础之上还受到政治制度的影响。可见，政府实施政策的核心目标便是弥补市场机制的缺陷，实现社会福利最大化。

三 审计市场的福利经济学解释

由于独立审计服务具有公共物品性质，因而消费者剩余最大化意味着资源分配效率的最优状态，也即社会福利最大化。随着我国经济体制改革的不断深入，我国审计市场现存的各种弊端凸显出来，以福利经济学理论为基础对审计市场运行绩效评估，可将消费者剩余最大化作为政府制定相关政策的依据。第一，我国监管部门一直推动本土会计师事务所扩大规模并建立品牌，以满足大型公司及跨国公司的审计需求，相关政策的推行是否能增加我国审计市场消费者剩余是监管部门推行该政策的有效标准。第二，会计师事务所强制轮换制度一直以来受到各国监管部门和学者的关注，该制度同时对审计市场消费者带来的成本与效用产生影响，那么增加的效用是否大于增加的成本便成为各国判断该项政策的重要标准。第三，会计师事务所转制为特殊普通合伙制后，其合伙人的责任范围的扩大影响了消费者购买审计服务获得的净效用，那么转制是否增加了消费者获得的净效用成为政府关注的重点。总的来说，从福利经济学理论而言，政府政策应以实现审计市场福利最大化为最终目标，具体到审计市场中，如果一项政策实施有利于增加消费者剩余，那么便可认为这项政策有利于审计市场健康发展。

第三节　产业组织理论

产业组织理论是分析现实中产业、市场以及市场中公司之间的垄断与竞争关系，以微观经济学为理论基础，以提高社会福利为目标，能够为政府制定公共政策提供指导的理论体系。产业组织理论主要包括结构主义学派和效率主义学派，本书主要依据结构主义的研究范式探讨审计市场。结构主义学派产生于 1938 年，以梅森对产业组织中的市场结构、竞争行为和结果进行经验性研究为开创标志，随后贝恩提出市场结构决定市场行为，尤其是市场绩效的理论基础。以此为基础，谢勒于 1970 年提出"市场结构—市场行为—市场绩效"的分析框架。可见，该理论强调市场结构对市场行为和绩效的决定性作用，遵循"结构—行为—绩效"的范式，也即市场行为取决于市场结构，在一定市场结构下，市场行为进而决定市场绩效。

Zeff 和 Fossum（1967）开创性地以产业组织理论分析审计市

场，他们认为要深入理解审计市场的竞争性质，就需要研究会计师事务所的成长、扩大及自身特性，以此为基础研究审计市场。自Zeff 和 Fossum（1967）以来，产业组织结构理论为审计市场的研究提供了一个框架。审计市场的结构由事务所之间的关系组成，包括买方之间、卖方之间、买卖方之间以及现有买卖方和潜在买卖方之间的关系。可见，审计市场结构是一个反映市场竞争和垄断的概念，这决定了市场的价格形成，并影响了产业组织的竞争态势。关于审计市场结构，西方学者认为关键在于探讨其究竟是属于寡头垄断还是多头垄断，两者的区别在于寡头垄断竞争者更少、集中度更高、进入壁垒更高。Yardley 等（1992）指出，寡头垄断更容易出现共谋，会计师事务所建立信任并固定价格而没有外在惩罚机制，但多头垄断则很难做到价格控制。一般多头垄断更为常见，这种市场结构可以给会计师事务所提供一定程度的压力，同时允许规模经济和创新等活动的实现。

传统产业组织理论以"社会福利"为评判标准，有效竞争才能实现资源最优配置，达到社会福利最大化。有效的竞争涵盖两个前提：一是竞争者之间存在相似性，二是竞争者的数量足以阻断共谋行为，防止形成垄断。美国审计市场高度集中的市场结构，引起了社会公众对社会福利的担忧。Dopuch 和 Simunic（1980）研究发现"八大"会计师事务所的市场份额有较大变动性，这种不稳定的市场份额导致事务所难以形成"共谋"，有利于保持审计市场的竞争性。如果审计市场出现卖方"共谋"现象，那么会计师事务所便能控制市场审计定价，价格便不再反映边际成本。换言之，如果审计市场充满竞争，那么审计定价便也能反映边际审计成本。审计价格可以直接获取公开数据，但审计成本却难以确定，因此需要审计成本的替代变量。Simunic（1980）通过构成经济学模型，认为审计定价能反映其边际成本，将审计费用和审计产品边际成本及第三方损失联系起来，研究结论也印证了审计市场的竞争性。Williamson（1999）通过构建模型，分析认为寡占型市场结构适合审计市场。

此外，有学者也发现初始审计年度有低价揽客现象（Simon and Francis，1988；Turpen，1990），基于 DeAngelo（1981b）研究结果，低价揽客是会计师事务所之间的一种竞争性反应，也是其为占据竞争优势地位所付出的理性代价，这反映了审计市场的竞争态势。综上所述，审计市场的竞争是非常激烈的，大型会计师事务所并没有利用市场势力操控价格。

基于产业组织理论，审计市场结构是产业中事务所之间竞争状态及市场绩效的决定性因素。由于审计市场的特殊性，寡占型市场结构并不意味着市场竞争性的缺失；相反这种市场结构能在给予事务所一定压力的前提下，同时允许规模经济和创新活动的实现，更有利于保证高质量的审计服务。因此，本书从现有市场结构出发，并以"社会福利"为评判标准，探讨外界政策变动对会计师事务所的行为和审计市场绩效的影响。

第四节　审计需求理论

20 世纪 60 年代，西方审计理论界开始思考审计存在的基本假设及概念体系，对审计需求的理论分析是最重要的产物之一。在该理论体系中，审计并非是一种纯粹的鉴证机制，还兼具信息价值和保险价值。

一　审计需求的代理理论

审计需求的代理理论是基于委托代理理论[①]。委托代理关系是指一个人或一些人聘请其他人，并请其作为代表履行某些工作和做出某些决策。基于经济人假设，委托人和代理人均以个人效用最大化为目标行事，两者的利益冲突会导致代理成本。可见，公司所有权和经营权相分离，信息不对称产生的机会主义行为会导致代理成

---

① Jensen 和 Meckling 于 1976 年提出委托代理理论。

本并影响企业价值，这便产生了对第三方审计的需求。因此，审计的目的在于降低代理成本，满足双方的共同需求，其产生并非由于外部强制力量的要求，而是顺应社会力量的自然选择而出现。

基于该理论，一个有效的审计市场会自发性产生高质量的审计产品。在我国审计市场发展初期，不完善的市场导致公司偏好低审计质量，这不利于社会福利最大化。随着我国资本市场的逐步完善，公司开始意识到高审计质量的重要性和价值性。不论是我国政府推动事务所做大做强，还是事务所强制轮换，或者事务所转制为特殊普通合伙制，都是为了满足高质量的审计服务需求，促进审计市场健康发展和社会福利最大化。

二　审计需求的信息理论

该理论认为，审计的本质在于提高财务报表使用者所获信息的价值。审计需求的信息理论分为信息传递理论和信息系统理论，两者都以信息为主要特征。信息传递理论认为，在激烈的市场竞争中，公司有动机向外界传递自己的优质信号，实现资源的有效配置。自愿购买审计服务，或选择聘请大型会计师事务所，便满足了公司传递信号的需求。审计作为一个成本较高的信号传递方式，可以满足优质公司避免逆向选择现象。通过向外界传递其财务信息可靠的信号，以和其他公司相区别，从而满足公司有效融资等目的。信息系统理论是从信息决策有用观来探讨审计的，该理论认为审计具有改善财务信息质量的作用。信息是一种公共品，会计信息质量低劣会导致经济资源的无效配置，因此市场有必要干预会计信息质量，这就产生了对审计的需求。审计需求的信息理论扩大了财务信息使用者，将现有或潜在投资者、债权人及其他利益相关者均囊括在内，同时也为管制理论提供了基础。

根据该理论，随着我国资本市场的不断发展，优质公司对高质量的审计服务的需要尤为迫切，他们需要向公众传递其管理层对未来现金流量的市场预期优于其他公司，从而在一定程度上和其他公司区分开来。我国非"四大"通过合并等途径不断增强其专业能力，为优质公司提供传递信号的基础。公司定期轮换事务所也对外界传递了某种信号。2013 年年底，我国 40 家具有证券资格的会计师事务所全部完成组织形式的转制，这为提高我国优质公司传递信号提供了支持。

三 审计需求的保险理论

该理论指审计对被审计公司的财务信息承担保险作用（Dye，1993），即一旦审计失败，投资者可以从事务所获得赔偿。这种理论是以审计师责任为基础的，只有审计师需要为过错或舞弊承当责任，对信息使用者而言才有保险。这其实相当于审计师自身利益的一部分被抵押，与信息使用者的利益绑定。审计师需要认真工作，以防止审计失败时需要承担责任。可见，审计需求保险理论认为，财务信息的使用者不仅依靠审计的鉴证机制以降低财务信息风险，还重点强调审计的风险转移作用。

审计需求保险理论的实现，不仅需要审计信息使用者拥有对事务所提出诉讼的权利，而且需要被诉讼的事务所具有一定的赔偿能力（Menon and Williams，1994）。因此，该理论需要一定的制度环境。我国本土会计师事务所"做大做强"后，其赔偿能力也大幅提高，这为审计需求的保险理论提供了支持。我国会计师事务所的转制更是意味着其责任增加。会计师事务所在转制之前，普遍是有限责任公司制，即以其合伙人的投入资产额为赔偿上限。会计师事务所的组织形式转制为特殊普通合伙之后，其合伙人承担无限或连带责任。

第四章

中国审计市场需求模型的构建分析

第一节 研究问题

资本市场经济的发展离不开规范、完善的中介服务市场，审计市场作为重要的中介服务市场，高效率地提供审计服务是资本市场机制运行的一个重要保障。审计市场和其他服务类产品市场一样，引导审计资源在不同经济主体之间合理配置，实现审计市场福利最大化。这是审计市场有效运行的目标，也是资本市场机制高效运转的前提。基于产业组织理论中 SCP 框架①，审计市场结构（Structure）对其市场行为（Conduct）以及市场运行绩效（Performance）都有决定性影响，可见有效的审计市场结构是审计市场社会福利的基石。因此，审计市场结构成为监管部门和社会关注的焦点，并引发国内外学者的探讨（Zeff and Fossum，1967；Rhode et al.，1974；

---

① 20 世纪 30 年代以梅森和贝恩为代表的哈佛学派提出 SCP 范式，该理论认为，Structure（市场结构）决定 Conduct（市场行为），Conduct（市场行为）决定市场运行的 Performance（市场绩效）。Zeff 和 Fossum（1967）开创性地将该理论运用于审计市场研究。

Simunic，1980；余玉苗，2001；刘明辉和徐正刚，2006）。

基于前文所述，我国形成了独特的审计市场结构。"四大"与非"四大"所在市场结构完全不同，可以说我国审计市场整体上是垄断竞争型市场，而剔除"四大"市场份额后是完全竞争型市场。我国这种高度集中与激烈竞争共存的审计市场结构，导致审计市场形成供需不平衡的割裂化状态，不利于社会福利尤其是消费者剩余。一方面，大客户集中选择"四大"，该部分市场审计供给相对小于审计需求，导致"四大"在大客户市场具有垄断地位，会提高审计收费，溢价以获取超额利润，损害消费者剩余。另一方面，我国审计市场上的非"四大"数量较多①，却集中在小客户市场，导致小客户市场审计供给相对大于审计需求，多数情况下是客户选择事务所（陈艳萍，2011）。因此，非"四大"之间竞争异常激烈甚至出现恶性竞争，这会损害审计质量，造成审计市场的无序与混乱，最终损害社会福利，尤其是消费者剩余（夏冬林和林震昃，2003）。

当行业自律不能保证市场有效运行时，则需要政府提供相应的干预和管制加以矫正和修正。我国独有的审计市场结构决定了政府的政策需要既借鉴美国这类审计市场，又结合自身现有背景，不能照搬硬套。相比于英美等发达国家，中国审计市场起步较晚，目前我国审计市场还处于初步市场化进程之中，我国政府对审计市场的政策也处于初步探索之中。豪斯曼（Jerry A. Hausman）认为社会福利主要由消费者利益决定，而消费者剩余是消费者利益的集中体现。故满足市场消费者的需要，增加消费者剩余是市场经济的基本要求，也是审计市场有效运行的必然要求（Mankiw，1997；Gerakos and Syverson，2015）。因此，本章拟建立中国审计需求模型作为分析工具探讨我国审计市场，并为后续章节测度消费者剩余提供研究基础。

---

① 参见财政部会计司《"十二五"时期中国会计服务市场发展报告——注册会计师行业分析及展望》，截至 2015 年事务所数目已达到 7285 家（不含分所）。

第二节　制度背景和理论分析

离散选择模型是采用模拟购买的数据采集方法，提供了一种接近现实的消费者偏好的研究方法。离散选择模型被应用到许多领域（Berry et al.，1995；Berry et al.，2004），但在审计市场并不常见（Gerakos and Syverson，2015；Guo et al.，2017）。其基本思想是根据市场消费者选择行为及产品的历史数据，对消费者的偏好进行研究。其中，Logit 模型是应用最广泛的离散选择模型。Luce（1959）最早推导出 Logit 模型的概率选择公式，随后 McFadden（1974）完善了 Logit 的理论分析。不少学者利用多项 Logit 模型，基于家庭消费数据来研究具有竞争选择的消费决策行为，后来的应用则主要集中在交通运输和旅游方式的选择上。近年来，学者多用 Logit 模型探讨消费者对商品的选择问题。审计市场中，如果将会计师事务所提供的审计服务看作商品，那么公司对这种商品的选择便也是一种消费决策行为。Gerakos 和 Syverson（2015）以及 Guo 等（2017）便将 Logit 模型应用于审计市场的研究。值得一提的是，Logit 模型的作用不仅仅是预测每个可选方案的选择概率，更重要的是，它能帮助了解可选方法的某个可观察因素的变化对选择概率的影响程度，即选择概率如何变化。例如，在一个公司选择购买审计服务时，利用 Logit 模型可估计审计定价每下降一成，消费者对它的选择概率会增加几成。本章拟采用 Logit 模型预测消费者的选择概率，并基于效用函数计算消费者获得净效用值，模拟消费者对审计产品的选择并构建审计需求模型，为后续章节判断政府对审计市场干预效果提供研究基础。

近年来，我国政府对审计市场的主要政策可分为三类：

第一，鼓励我国会计师事务所做大做强。2007 年，国资委印发《关于推动会计师事务所做大做强的意见》。2009 年，《国务院办公厅转发财政部关于加快发展我国注册会计师行业若干意见的通知》。2012 年，中注协印发《关于支持会计师事务所进一步做大做强的若干政策举措》。可见，近年来我国政府一直致力于推动我国会计师事务所做大且做强，其目的在于促进我国审计市场全面有效竞争，优化审计市场运行。

第二，在部分公司中实施会计师事务所强制轮换。2004 年，国资委印发《中央企业财务决算审计工作规则》，要求中央企业实施事务所强制轮换制度。2010 年，财政部发布《金融企业选聘会计师事务所招标管理办法》，进一步要求国有及控股金融企业定期轮换事务所。目前尚未在所有上市公司中推广这一政策，我国政府对会计师事务所强制轮换政策尚在探索中。

第三，推动会计师事务所转制为特殊普通合伙制。2009 年，国务院印发《国务院办公厅转发财政部关于加快发展我国注册会计师行业若干意见的通知》，提出积极探索适用于大型会计师事务所发展的组织形式，并力推特殊普通合伙制。2010 年，财政部与国家工商行政管理总局联合发布《关于推动大中型会计师事务所采用特殊合伙组织形式的暂行规定》（以下简称《暂行规定》），分别要求和鼓励大型、中型会计师事务所在限定时间前转制为特殊普通合伙组织形式。2011 年，国务院印发《大中型会计师事务所转制为特殊普通合伙形式实施细则》。2012 年，国务院会同证监会、国资委联合印发《关于证券资格会计师事务所转制为特殊普通合伙会计师事务所有关业务延续问题的通知》。可见，事务所组织形式是我国政府一直关注的重点，近年来政府持续推动会计师事务所转制为特殊普通合伙制，其目的在于优化事务所组织形式，进一步促进审计市场有序运行，目前所有具备上市公司审计资格的事务所已全部转制。

目前我国审计市场正处于初步市场化进程之中，我国政府对审计市场的管制和引导的方向与程度也处于不断变迁的初步探索之中。本章通过构建审计需求模型对我国审计市场福利进行分析，为后续探讨这三类政策对审计市场福利的影响奠定了良好基础。

第三节　研究设计与样本选择

一　样本选择与数据来源

本章以 2000—2015 年为样本区间，选取沪深交易所 A 股上市公司作为初始样本，进行以下筛选和处理程序：①由于金融类企业具有特殊性，剔除金融、保险类公司样本。②剔除 ST、＊ST 股公司样本。③剔除财务数据缺失的公司样本。进一步地，本章通过中国注册会计师协会网站及各事务所官网手工收集整理事务所合并信息，以及"四大"总部及分所所在地、成立时间等信息，其他财务数据来源于 CSMAR 数据库、WIND 数据库以及 CCER 数据库。本章最终得到 21721 个样本。在进行回归检验时，由于制造业公司数量众多，制造业行业代码保留 2 位，其余行业代码保留 1 位。为避免极值所产生影响，对所有连续变量上下 1% 的极值进行缩尾处理（Winsorize）。后续章节的主要样本选择及数据来源与本章一致。

二　研究设计

和其他市场一样，公司也是基于市场上事务所提供的审计服务特性（如审计费用）在多大程度上能满足自己的要求，选择聘用效用最高的事务所。审计市场是一个产品差异性市场，公司并不会将各事务所提供的审计服务视为完全替代品，也即公司对不同审计服务评估的价值是不一样的，这取决于公司特征、事务所特征以及公司与事务所关系特征等。因此，审计服务的"净效用值"等于评估价值减去事务所收取的审计费用，公司基于"净效用值"来选择购买审计服务。

本章以 McFadden（1974）为基础，并借鉴 Gerakos 和 Syverson（2015）以及 Guo 等（2017），选用离散选择模型分析我国审计市场，并构建审计需求模型。在离散选择模型中，如果消费者没有购买任何产品或服务，通常将其效用值设定为 0；而我国所有上市公司都被要求"强制"购买"审计产品",没有效用值为 0 的选择。因此,本章将市场上所有非"四大"视为一类选择,并将其审计服务设定为基准组,这意味着估计的效用值是相对于购买非"四大"审计服务的效用值。和以往研究不同,本章认为"四大"之间的审计产品并不是无差异产品。公司从"四大"中选择审计服务的效用如式(4-1)所示:

$$U_{ijt} = \alpha_0 X_{ijt} + \sum_{k=1}^{4} (\beta_{1k}\delta_k + \beta_{2k}\delta_k\chi_{it}) - \alpha_1 \ln(Fees_{ijt}) + \xi_{ijt} \quad (4-1)$$

U_{ijt} 指 i 公司在 t 期选择 j 事务所所带来的净效用值,影响因素主要可分为价格特征(审计费用)及非价格特征。非价格特征主要包括事务所特征、公司特征以及公司与事务所关系特征三个方面。X_{ijt} 为事务所特征,包括"四大"是否为行业领导者以及"四大"是否有行业专长。δ_k 为"四大"各自的虚拟变量,β_{1k} 是所有客户选择事务所 k 的平均效用。χ_{it} 包括:①公司规模 [Ln($Assets$)]。公司规模是影响其事务所选择的重要指标,不同规模的公司对事务所的偏好不一样,小规模公司更喜欢"非四大",即使在"四大"之间,不同规模的公司偏好也有区别。②以往文献中影响选择事务所的其他公司特征,包括业务复杂度 [Ln($Segments$)]、主营业务收入增长率($Growth$)、流动比率($Current$)、经营现金流量营收比(Roc)、地理位置($Location$)、是否亏损($Loss$)、是否为国企($National$)等。③公司与事务所关系。由于存在转换成本,以及长期合作带来的额外效用,公司更倾向于选择上一年的事务所。本章在离散选择模型基础上生成了是否为前任事务所审计的虚拟变量 $Not\ Prior\ Clients$。变量具体定义见表 4-1。

此外,如果将效用模型 [式(4-1)] 写成:$U_{ijt} = V_{ijt} + \xi_{ijt}$,那么基准组非"四大"审计服务的效用如式(4-2)所示,U_{i0t} 表示 i 公司在 t 时期选择非"四大"事务所的效用值,和式(4-1)一样,U_{i0t} 也包括相应的公司特征、事务所特征以及两者关系特征。

表 4 – 1 变量定义

变量名称	符号	定义
消费者净效用值	U	公司购买事务所审计产品所获得的净效用值
审计费用	Ln($Fees$)	审计费用的对数（单位：万元）
公司规模	Ln($Assets$)	年末总资产的自然对数（单位：万元）
业务复杂度	Ln($Segments$)	公司经营范围涉及行业数的对数
海外销售率	$Foreign\ Sales$	海外销售额占总销售额比重
资产负债率	$Debt$	年末总负债占总资产的比重
总资产报酬率	Roa	净利润占总资产余额的比重
库存和应收账款与总资产比率	$InvRec$	库存和应收账款之和占总资产的比重
流动比率	$Current$	流动资产与流动负债的比值
经营现金流量营收比	Roc	经营活动现金净流量与营业收入比值
主营业务收入增长率	$Growth$	当年主营业务收入比上一年的增长率
是否换所	$Not\ Prior\ Clients$	未由上一年事务所审计取值为1，否则取值0
是否国企	$National$	国企取值为1，非国企取值为0
当地是否有分所	MSA	"四大"在公司注册地已有分所取值为1，否则取值为0，以省、自治区、直辖市为单位
地理位置	$Location$	由于"四大"总部在北京或上海，公司注册地在北京或上海取值为1，否则取值为0
是否亏损	$Loss$	亏损取值为1，否则取值为0
行业领导	Ind_Lead	"四大"在该行业有最高的资产市场份额取值为1，否则取值为0
行业专长	Ind_Spec	"四大"在该行业审计费用市场份额超过30%取值为1，否则取值为0

$$U_{i0t} = V_{i0t} + \xi_{i0t} \qquad\qquad (4-2)$$

本章采用条件 logit 模型（又称 McFadden 模型），如式（4 – 3）所示，通过极大似然估计（Maximum Likelihood Estimate，MLE）以得到系数 α_0、α_1、β_{1k}、β_{2k} 估计值。P_{ijt} 为公司 i 在 t 时期选择 j 事务所的概率，可见公司从事务所审计产品获得的效用值越高，选择该事务所的概率也越高。

$$P_{ijt} = \frac{\exp(V_{ijt})}{\sum\limits_{k=0}^{4} \exp(V_{ikt})} \qquad\qquad (4-3)$$

第四节 实证检验

一 描述性统计

表 4-2 为样本的描述统计结果。其中，审计费用 [Ln(Fees)] 均值为 4.066，与中位数 4.007 基本相等，表明该数据呈正态分布。公司特征变量中公司规模 [Ln(Assets)]、业务复杂度 [Ln(Segments)]、资产负债率 (Debt)、总资产报酬率 (Roa)、库存和应收账款占总资产比率 (InvRec)、经营现金流量营收比 (Roc) 的均值与中位数也基本持平，表明这些数据呈正态分布。海外销售率 (Foreign Sales) 均值 (0.096) 略大于中位数 (0.000)，流动比率 (Current) 均值 (2.069) 略大于中位数 (1.389)，主营业务收入增长率 (Growth) 均值 (0.211) 略大于中位数 (0.118)，数据分布均略呈右偏。虚拟变量中是否为国企 (National) 均值为 0.545，表明样本中 54.5% 为国企，而亏损 (Loss) 的样本比率为 10.9%。

表 4-2 描述性统计

Variable	N	P25	P50	Mean	P75	SD
Ln(Fees)	21721	3.689	4.007	4.066	4.382	0.608
Ln(Assets)	21721	11.612	12.320	12.445	13.122	1.209
Ln(Segments)	21721	0.000	0.693	0.632	1.099	0.634
Foreign Sales	21721	0.000	0.000	0.096	0.103	0.186
Debt	21721	0.309	0.472	0.475	0.624	0.233
Roa	21721	0.011	0.033	0.032	0.060	0.065

续表

Variable	N	P25	P50	Mean	P75	SD
InvRec	21721	0.146	0.253	0.276	0.379	0.175
Current	21721	0.964	1.389	2.069	2.186	2.277
Roc	21721	0.006	0.075	0.080	0.167	0.243
Growth	21721	−0.030	0.118	0.211	0.295	0.574
MSA	21721	0.000	0.000	0.019	0.000	0.137
Location	21721	0.000	0.000	0.165	0.000	0.371
National	21721	0.000	1.000	0.545	1.000	0.498
Loss	21721	0.000	0.000	0.109	0.000	0.311
Not Prior Clients	21721	0.000	0.000	0.012	0.000	0.107
Ind_Lead	21721	0.000	0.000	0.021	0.000	0.144
Ind_Spec	21721	0.000	0.000	0.012	0.000	0.107

二 模型估计与分析

（一）审计费用的估计

审计需求模型需要市场上所有供选择事务所的审计费用，但是本章只能观测到当年实际选择事务所的审计费用，无法得到当年没有被选择事务所的审计费用。因此，需要预测当年没有被选择的其他事务所的审计费用。本章参考 Gerakos 和 Syverson（2015）、Guo 等（2017）以及以往文献中影响审计费用的公司特征以及事务所特征，采用标准 OLS 回归函数［式（4－4）］，分组预测审计费用。

$$\text{Ln}(Fees_{ijt}) = \gamma_0 + \sum_r \varphi_r \tau_{rit} + \theta_{ijt} \qquad (4-4)$$

$\sum_r \tau_{rit}$ 包括一系列公司特征和事务所特征。①本章选用公司规模、业务复杂度、海外销售率、资产负债率、总资产报酬率、存货和应收账款占总资产比率、是否为前任事务所、是否为国企等公司特征。②选择附近有分所的事务所，不仅可以减少信息不对称性，也可能意味着交通费用等大幅下降，审计费用下降空间增大。国内外学者也试图从事务所分所层面探讨审计市场（Francis et al.，2005；Numan and Willekens，2012；王兵和辛清泉，2010；陈波，

2013）。与非"四大"相比，"四大"在分所的设立上更为谨慎和
稳健。因此，本章以"四大"在上市公司注册地省份（或相当于省
级的自治区和直辖市）是否有分所定义虚拟变量。本章控制了行
业、年度的固定效应，标准误经过公司、年度的 two – way cluster 调
整。预测的审计费用与实际的审计费用相关系数为 0.733，如图
4 – 1所示。

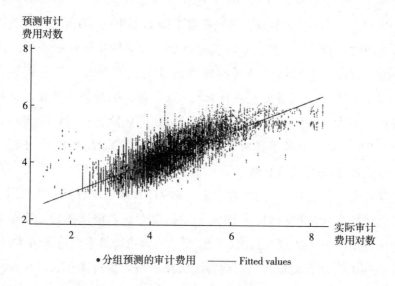

图 4 – 1　预测审计费用与实际审计费用的拟合度

值得一提的是，在审计需求模型及其结果分析中，所有审计费
用（包括实际被选择事务所的审计费用）均采用预测所得的审计费
用。由于实际的审计费用可能存在自选择偏差，如果采用其作为实
际选择事务所的审计费用，那么会导致后续估计的系数有偏（Er-
dem et al.，1999）。

（二）需求模型结果

需求模型能定量分析公司对事务所的偏好，其理论可以简单阐
述如下。审计市场上某家公司，可选择的事务所中最低的预期价格
为 1 万元，但是公司却选择了其中预期价格为 2 万元的事务所，便

可认为该事务所某些特征能给公司带来至少高于差价 1 万元的净价值。本章对审计市场上千家公司选择事务所的数据进行分析，便可定量研究不同特征的公司对"四大"和非"四大"事务所的选择偏好。

表 4 - 3 结果反映了公司特征及事务所特征如何影响公司对事务所审计服务的选择。首先，对整个审计市场而言，审计费用［Ln（Fees）］的系数显著为负。在给定其他变量的情况下，审计费用每上升 1%，则选择此事务所的概率将下降 1.239%。与前文审计费用对效用的系数分析一致，审计费用越低，公司购买审计服务的"净价值"越高，选择该事务所的概率也越高。"四大"行业领导者（Ind_Lead）以及行业专长者（Ind_Spec）的系数均显著为正。计算得到"四大"中行业领导者（Ind_Lead）的风险比率（Odds Ratio）为 1.834，即如果各事务所费用以及其他特征变量均相同，"四大"中行业领导者被选择的概率是其余事务所的 1.834 倍。"四大"行业专长者（Ind_Spec）的风险比率为 1.712，即如果各事务所费用以及其他特征变量均相同，"四大"中行业专长者被选择的概率是其余事务所的 1.712 倍。其次，"四大"的虚拟变量系数均显著为负，而"四大"虚拟变量与公司规模交叉项系数均显著为正，其风险比率分别为：$PwC \times \mathrm{Ln}(Assets) = 1.886$、$Deloitte \times \mathrm{Ln}(Assets) = 1.558$、$KPMG \times \mathrm{Ln}(Assets) = 1.792$、$E\&Y \times \mathrm{Ln}(Assets) = 1.666$，也即在各事务所费用以及其他特征变量相同时，大客户选择 PwC、Deloitte、KPMG、E&Y 的概率分别是非"四大"事务所的 1.886 倍、1.558 倍、1.792 倍、1.666 倍。可见，公司对事务所存在偏好异质性，大规模公司显著偏好选择"四大"，与前文所述"四大"在大客户市场具有寡头垄断地位一致，佐证了审计市场的进入壁垒导致非"四大"难以进入大客户市场。最后，相对于非"四大"，德勤和毕马威的客户黏性显著，是否换所系数显著为负。风险比率分别为 $Deloitte \times Not\ Piror\ Client = 0.273$、$KPMG \times Not\ Piror\ Client = 0.291$，说明在各事务所费用以及其他特征变量相同时，德勤和毕马威的客户

选择换所的概率分别是非"四大"的 27.3% 和 29.1%。地理位置在"四大"总部所在地的公司对德勤和安永更为偏好，其风险比率分别为 $Deloitte \times Location = 1.910$、$E\&Y \times Location = 2.824$。说明在各事务所费用以及其他特征变量相同时，"四大"总部所在地的公司选择德勤和安永的概率分别是非"四大"的 1.910 倍和 2.824 倍。经营现金流量营收比高的公司对安永有显著偏好，其风险比率为 $E\&Y \times Roc = 3.297$。说明在各事务所费用以及其他特征变量相同时，经营现金流量营收比高的公司选择安永的概率是非"四大"的 3.297 倍。

表 4 – 3   需求模型回归结果

	系数	t 值
Ln(Fees)	– 1. 239 **	– 2. 00
Ind_Lead	0. 607 ***	4. 39
Ind_Spec	0. 538 ***	2. 89
PwC	– 9. 567 ***	– 7. 52
Deloitte	– 7. 222 ***	– 4. 41
KPMG	– 10. 378 ***	– 3. 97
E&Y	– 9. 832 ***	– 7. 23
PwC × Ln(Assets)	0. 634 ***	6. 04
Deloitte × Ln(Assets)	0. 444 ***	3. 84
KPMG × Ln(Assets)	0. 583 ***	3. 18
E&Y × Ln(Assets)	0. 510 ***	5. 14
PwC × Ln(Segments)	0. 065	0. 37
Deloitte × Ln(Segments)	– 0. 079	– 0. 38
KPMG × Ln(Segments)	– 0. 539	– 1. 43
E&Y × Ln(Segments)	– 0. 030	– 0. 20
PwC × National	– 0. 160	– 0. 55
Deloitte × National	0. 595 *	1. 73
KPMG × National	– 0. 237	– 0. 32
E&Y × National	0. 358	1. 43

续表

	系数	t 值
Not Piror Client	−3.781***	−14.28
PwC × Not Piror Client	−0.482	−1.05
Deloitte × Not Piror Client	−1.300**	−2.46
KPMG × Not Piror Client	−1.234**	−1.97
E&Y × Not Piror Client	0.136	0.29
PwC × Loss	−0.046	−0.09
Deloitte × Loss	−1.102*	−1.90
KPMG × Loss	−0.607	−0.92
E&Y × Loss	−0.605	−1.50
PwC × Growth	0.231	1.09
Deloitte × Growth	0.238	0.79
KPMG × Growth	−0.109	−0.31
E&Y × Growth	−0.147	−0.56
PwC × Current	−0.058	−0.60
Deloitte × Current	−0.049	−0.50
KPMG × Current	0.029	0.32
E&Y × Current	0.010	0.20
PwC × Location	0.254	0.97
Deloitte × Location	0.647**	2.09
KPMG × Location	0.257	0.71
E&Y × Location	1.038***	4.78
PwC × Roc	−0.226	−0.55
Deloitte × Roc	−0.003	−0.01
KPMG × Roc	0.156	0.21
E&Y × Roc	1.193**	2.56
N	108605	
Log likelihood	−1341.580	
Pseudo R^2	0.962	

注：括号中的数字为双尾检验的 t 值，其中标准误差经过公司群聚效应调整。***、**和*分别表示1%、5%和10%的显著性水平；下同。

三 需求模型预测的拟合度

表4-4为样本公司实际选择的事务所与模型预测其选择事务所的匹配度。对我国审计市场上2000—2015年的样本公司，基于审计需求模型估计的偏好系数，以及公司特征、事务所特征以及公司事务所关系特征的数据，根据效用函数（4-1）计算公司对市场上所有潜在事务所的效用值，其中效用值最高的事务所便是模型预测公司当年选择的事务所。如表4-4所示，每列为模型预测公司选择的事务所，每行为公司实际选择的事务所。可见，需求模型预测的拟合度非常高，对于"四大"而言，预测准确度均大于80%，而对于非"四大"而言，预测准确度更是高达99.58%。Gerakos和Syverson（2015）的需求模型对美国审计市场的预测拟合度为86.3%—91.0%，本章拟合度与其相近。说明本章以其为基础的模型较好地拟合了我国审计市场。这既证实该模型在我国审计市场的适用性，又为后续进一步反事实推导奠定了良好基础。

表4-4 需求模型预测拟合度

		预测选择的事务所					
		Deloitte	E&Y	KPMG	PwC	non-Big4	总计
实际选择的事务所	Deloitte	205	5	0	2	26	238
		86.13%	2.10%	0.00%	0.84%	10.92%	
	E&Y	4	283	0	4	53	344
		1.16%	82.27%	0.00%	1.16%	15.41%	
	KPMG	1	0	87	5	9	102
		0.98%	0.00%	85.29%	4.90%	8.82%	
	PwC	2	7	6	353	43	411
		0.49%	1.70%	1.46%	85.89%	10.46%	
	non-Big4	13	40	6	27	20540	20626
		0.06%	0.19%	0.03%	0.13%	99.58%	
	Total	225	335	99	391	20671	21721

第五节　本章小结

本章以 2000—2015 年沪深 A 股上市公司为样本，构建了一个适用于中国审计市场的需求模型，实现从福利角度探讨我国审计市场。研究表明：①该模型能定量研究公司对事务所的偏好选择。具体而言，模型能够依据公司特征（如资产、财务情况、业务复杂度等）以及事务所特征（如声誉、费用等），预测其如何影响公司对事务所的选择。②公司对事务所存在偏好异质性，大规模公司显著偏好选择"四大"，这与我国审计市场实际情况相符。③以模型为基础预测选择的事务所与实际选择的事务所拟合度高达 86.3%—91.0%，验证了其在我国审计市场的适用性。

作为重要的中介服务市场，审计市场通过引导审计资源在不同经济主体之间合理配置，以期实现福利最大化。我国形成了高度集中与激烈竞争共存的审计市场结构，这种独特的市场结构导致审计市场形成供需不平衡的割裂化状态，造成审计市场福利损失。我国审计市场起步较晚，政府的行政力量是其不断优化的重要推力，政府的相关政策也在初步探索之中。本章的审计需求模型为监管部门及社会公众理解审计市场提供了参考模型，并为监管部门作为"看得见的手"如何参与审计市场运行提供了理论参考。此外，本章为后续章节研究提供了良好基础，从福利角度探讨我国政府近年来主要政策的效果。

第五章

基于反事实推理中国审计市场消费者剩余的测度

第一节 研究问题

审计市场福利是指市场中各参与者获得的满足程度，可用于衡量经济资源的配置效率。审计市场失灵会导致经济效率损失，需要政府政策促进审计市场的优化发展。在审计市场上，满足其消费者的需求，即增加消费者剩余是审计市场的基本要求（Mankiw，1997；Gerakos and Syverson，2015）。理性的消费者会在预期均衡价格购买，即通过比较他们愿意支付的价格与实际支付的价格来判断是否购买，两者差额便是消费者剩余。在审计市场上，所有公司消费者剩余之和是衡量审计市场给公司带来净价值的指标，也是衡量审计市场福利的重要指标。可见，消费者剩余能对市场结果的合意性做出规范性判断，是政策制定者判断制度适合与否的重要标准。

Simunic（1980）将美国审计市场分为大、小客户市场，认为大量的会计师事务所只能在小客户市场上竞争，而"八大"却在大客户市场上具有垄断地位，目前我国审计市场也是如此。如图 5-1 所示，2015 年"四大"审计的客户数只占上市公司的 6.10%，但是客户资产份额达到了 85.00%，可以推断在我国"四大"主要为大型公司服务。本章将上市公司按资产规模分为五组，并根据行业集中度的常用指标 CRn 指数（N－concentration），计算国际"四大"会计师事务所在我国的客户资产市场占有率 CR4。如图 5－2 所示，"四大"在第五组市场的占有率高达 88.08%，对大客户市场有垄断态势，成为我国大型公司尤其是直属国务院、国资委企业的首选（漆江娜等，2004）。与非"四大"会计师事务所相比，"四大"的品牌与声誉不仅已成为高审计质量的代名词，而且规模更大、从业人员素质更高、质量控制机制更完善，审计服务更符合大客户公司需求。"四大"在我国大客户审计市场上形成了进入壁垒，其显著的控制力和影响力使非"四大"很难在短期内形成与之抗衡的力量（耿建新和房巧玲，2005；曾亚敏和张俊生，2012）。因此，进入壁垒导致我国审计市场供需不平衡的割裂化，即"四大"在大客户市场上"跑马圈地"，利用垄断地位高额收费，而非"四大"在小客户市场上激烈竞争甚至恶性竞争（刘明辉和徐正刚，2005）。可见，我国审计市场目前的结构和竞争状态会损害消费者剩余，监管部门需要优化我国审计市场运行，避免损害消费者剩余。

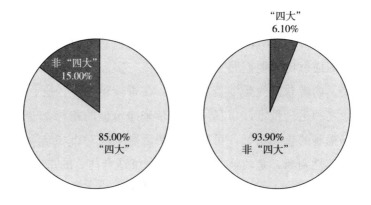

图 5－1　2015 年 A 股上市公司年报审计市场份额
（客户资产和客户数目）

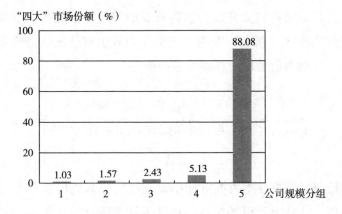

图 5 - 2　公司规模分组与"四大"市场份额

美国审计市场集中度较高，"四大"市场份额均值为 81.9%（Choi et al.，2017），我国大客户审计市场与其相似。安然事件后，美国监管部门因为担心"四大"变为"三大"造成审计市场的进一步集中，所以无论是 2005 年毕马威违规帮助客户的逃税（Johnson，2010），还是安永在雷曼兄弟破产前帮其出具有误导性的财务报表，司法部门均没有对毕马威或安永提出刑事指控（Gerakos and Syverson，2015）。近年来，为了优化审计市场，我国监管部门一直致力于"做大做强"并培育能为大型企业和企业集团服务的事务所①。与美国对待大型事务所甚为小心的态度不同，我国监管机构于 2017 年相继处罚瑞华、立信两大会计师事务所，责令其暂停新接证券业务。那么对于在大客户市场已有显著控制力和影响力的"四大"，我们是否应效仿美国②，这些举措是否能优化审计市场，保障社会

---

① 《国务院办公厅转发财政部关于加快发展我国注册会计师行业若干意见的通知》（国办发〔2009〕56 号）；2007 年 5 月，中注协印发《关于推动会计师事务所做大做强的意见》中明确提出培育 100 家左右能为大型企业和企业集团服务的事务所；2012 年 6 月，中注协印发《关于支持会计师事务所进一步做大做强的若干政策举措》。

② 德勤对科龙 2003 年年报出具标准审计意见，对 2002 年年报虽然出具保留意见，但与证监会调查发现问题并不明确相关。其局面和 2001 年"银广夏"事件中的中天勤类似，面临在中国彻底退市的风险。但我国监管部门在对"科龙门"事件的德勤至今没有公开明确的惩罚，似乎与美国监管部门态度有所类似。

福利尤其是消费者剩余便成为值得研究的问题。因此，本章拟通过反事实推理测度"四大"变为"三大"对我国审计市场消费者剩余的影响，以期为监管部门提供一定的参考。

第二节 制度背景与理论分析

审计市场是事务所为被审计单位及社会公众提供服务的一个空间集合体。优化审计市场结构，促进审计市场有效竞争，一直是学术界研究的焦点。国内外学者多从审计市场集中度来分析审计市场的结构与竞争（余玉苗，2001；张立民和管劲松，2004；Moizer and Turley，1989；Pearson and Trompeter，1994），但静态角度分析市场集中度掩盖了审计市场的动态变化——进入与退出，这种动态变化是理解并分析审计市场的重要方面。产业组织理论中的进入壁垒是描述审计市场进入与退出的难易程度，且反映审计市场动态变化的重要概念。进入壁垒能有效阻止进入者，并保护在位者。我国审计市场上的"四大"与非"四大"具有显著的异质性。与"四大"相比，非"四大"相对上市公司规模偏小（周红，2005），且没有可以与其他事务所有效区分的品牌和声誉（陈波，2013），审计营销组织和人员素质也相对滞后于大客户公司的审计需求。

我国审计市场起步较晚，在中注协极力推动事务所"做大做强"以来，审计市场出现数次合并浪潮。但由于其带着较浓的行政化色彩，属于政府主导下的一种半市场行为，合并后的资源整合和整体实力提升不足，并没有发挥合并的规模效益（刘明辉和徐正刚，2005）。因此，"四大"在我国大客户审计市场上形成了进入壁垒，其显著的控制力和影响力使非"四大"很难在短期内形成与之抗衡的力量（耿建新和房巧玲，2005；曾亚敏、张俊生，2012），只能在小客户市场上激烈竞争甚至恶性竞争（刘明辉和徐正刚，2005）。可见，本章从审计市场中的进入壁垒着手，能全面且进一步细化地研究我国审计市场竞争。

我国审计市场中的进入壁垒主要表现为市场性壁垒和策略性壁垒。①基于 Bain（1956）的分类，市场性壁垒主要体现为规模经济性壁垒和产品差异性壁垒。首先，"四大"在资产规模、业务能力、人力资源等方面都较非"四大"有显著优势，在承揽大客户业务时，其业务成本更低、质量却更高。即"四大"在大客户市场上表现出明显的规模经济效应，非"四大"则呈现出规模不经济状态（刘明辉和徐正刚，2005）。其次，审计服务并不是无差异的"产品"。"四大"不仅提供的审计服务质量更高（漆江娜等，2004），而且其审计质量得到市场认同度也更高（王咏梅和王鹏，2006）。两者审计产品的差异是客观存在的（陈艳萍，2011）。②策略性壁垒更强调在位者的主动性，事务所主要利用专用性资产以及声誉设置进入壁垒。首先，"四大"不仅入职人员业务素质更高，而且更重视在职学习与培养，更有利于积累事务所最重要的资本——专用性人力资本。其次，审计产品在一定程度上属于"信任品"，消费者即使在消费后也难以判断审计质量的高低（Nelson，1974）。"四大"通过长期的高昂投资建立了品牌与声誉，已成为高审计质量的代名词，成为我国大型公司尤其是直属国务院、国资委企业的首选（漆江娜等，2004），"阻挡"了非"四大"进入大客户市场。

优化审计市场竞争状态，能保障社会福利尤其是消费者剩余。已有国内学者对审计市场的社会福利进行定性研究（夏冬林和林震昃，2003；刘明辉和徐正刚，2006）或围绕消费者剩余对英美审计市场研究（Gerakos and Syverson，2015；Guo et al.，2017）。我国审计市场竞争状态与英美完全不同，却鲜有从消费者剩余角度定量研究我国审计市场竞争。基于前文所述，"四大"在我国市场上已有显著市场控制力和影响力，一旦变为"三大"，会进一步恶化审计市场供需不平衡的割裂状态。大客户市场更加集中，剩余的"三大"事务所的市场力量更强，其余事务所更难以与之抗衡。"三大"会进一步瓜分我国审计市场，争相抢夺"肥肉"，而其余事务所苦于"先天不足,后天营养不良",只能站而观之。这无疑会加剧资源的非效率配置,进一步剥夺消费者剩余。因此,本章基于审计需求模型,通过反事实推导测度"四大"变为"三大"后审计市场消费者剩余的损失值,以期为我国监管部门的政策制定提供参考。

第三节　研究设计与样本选择

一　样本选择与数据来源

本章数据来源、样本选择、筛选和处理程序与第四章一致。以2000—2015年为样本区间,选取沪深交易所 A 股上市公司作为初始样本。剔除金融、保险类、ST、＊ST 股及财务数据缺失的公司样本。同样,通过中国注册会计师协会网站及各事务所官网手工收集整理事务所合并信息,以及"四大"总部及分所所在地、成立时间等信息,其他财务数据来源于 CSMAR 数据库、WIND 数据库以及CCER 数据库。同样本章最终得到 21721 个样本。在进行回归检验时,由于制造业公司数量众多,制造业行业代码保留 2 位,其余行业代码保留 1 位。为避免极值所产生影响,对所有连续变量上下1% 的极值进行缩尾处理(Winsorize)。

二　研究设计

本章拟采用反事实推理来研究"四大"如果退出审计市场会对消费者剩余造成的影响。反事实推理又称反事实思维,常常被用来进行因果归因(Kahnemanand Tversky,1982)。它可以简单理解为一种"虚拟蕴涵命题",具有"如果……,那么……"的形式。反事实思维强调的是对过去进行模拟和替换(例如,"四大"变为"三大"),以预测、推理并因果归因,它能帮助人们明确目的,改善行为。以此为理论基础,本章探讨如果公司缺少了一个选择(比如"四大"变成"三大"),那么审计市场上消费者剩余的变动。

基于第四章的效用函数计算并估计公司购买审计服务的效用值，公司从"四大"中选择审计服务的效用如函数［式（5-1）］所示，U_{ijt}指i公司在t期选择j事务所所带来的净效用值，影响因素主要可分为价格特征（审计费用）及非价格特征。非价格特征主要包括事务所特征、公司特征以及公司与事务所关系特征三个方面，具体定义与第四章一致。将市场上所有非"四大"视为一类选择，并将其审计服务设定为基准组。如果将效用模型［式（5-1）］写成：$U_{ijt} = V_{ijt} + \xi_{ijt}$，那么公司从非"四大"选择审计服务的效用为$U_{i0t} = V_{i0t} + \xi_{i0t}$，$U_{i0t}$包括相同的公司特征、事务所特征以及两者关系特征。采用条件 Logit 模型（又称 McFadden 模型），如函数［式（5-2）］所示，通过极大似然估计以得到系数α_0、α_1、β_{1k}、β_{2k}估计值。P_{ijt}为公司i在t时期选择j事务所的概率，可见公司从事务所审计产品获得的效用值越高，选择该事务所的概率也越高。变量具体定义见表5-1。

表5-1　　　　　　　　　　　　变量定义

变量名称	符号	定义
消费者剩余	U	公司购买事务所审计产品所获得的净效用值即消费者剩余，所有上市公司选择购买审计产品所得净效用值之和为消费者总剩余
审计费用	$Ln(Fees)$	审计费用的对数（单位：万元）
公司规模	$Ln(Assets)$	年末总资产的自然对数（单位：万元）
业务复杂度	$Ln(Segments)$	公司经营范围涉及行业数的对数
海外销售率	$Foreign\ Sales$	海外销售额占总销售额的比重
资产负债率	$Debt$	年末总负债占总资产的比重
总资产报酬率	Roa	净利润占总资产余额的比重
库存和应收账款与总资产比率	$InvRec$	库存和应收账款之和占总资产的比重
流动比率	$Current$	流动资产与流动负债的比值

变量名称	符号	定义
经营现金流量营收比	*Roc*	经营活动现金净流量与营业收入的比值
主营业务收入增长率	*Growth*	当年主营业务收入比上一年的增长率
是否换所	*Not Prior Clients*	未由上一年事务所审计取值为1，否则取值0
是否国企	*National*	国企取值为1，非国企取值为0
当地是否有分所	*MSA*	"四大"在公司注册地已有分所取值为1，否则取值为0，以省、自治区、直辖市为单位
地理位置	*Location*	由于"四大"总部在北京或上海，公司注册地在北京或上海取值为1，否则取值为0
是否亏损	*Loss*	亏损取值1，否则取值为0
行业领导	*Ind_Lead*	"四大"在该行业有最高的资产市场份额取值为1，否则取值为0
行业专长	*Ind_Spec*	"四大"在该行业审计费用市场份额超过30%取值为1，否则取值为0

$$U_{ijt} = \alpha_0 X_{ijt} + \sum_{k=1}^{4} (\beta_{1k}\delta_k + \beta_{2k}\delta_k\chi_{it}) - \alpha_1 \ln(Fees_{ijt}) + \xi_{ijt} \quad (5-1)$$

$$P_{ijt} = \frac{\exp(V_{ijt})}{\sum_{k=0}^{4} \exp(V_{ikt})} \quad (5-2)$$

参考 McFadden（1999）的方法，基于上述函数［式（5-1）］、式（5-2），本章首先计算了每一个公司在反事实（"四大"变为"三大"）下消费者剩余的变动值，然后加总即得市场上消费者总剩余的变动值（Dube et al.，2002）。具体计算如式（5-3）所示，$\max U_{ijt}(Fees_{ijt}, X_{ijt}, \chi_{ijt}, \xi_{ijt})$ 为实际中公司 i 在 t 时期选择 j 事务所的最大化效用值，而 $\max U_{imt}(Fees_{imt}, X_{imt}, \chi_{imt}, \xi_{imt})$ 为"四大"变为"三大"后，公司 i 在 t 时期选择 m 事务所的最大化效用值。C_{ijmt} 则为消费者剩余的损失，可以简单理解为，在反事实下，若要保持消费者剩余不变，审计费用的下降值。

$$\max U_{ijt}(Fees_{ijt}, X_{ijt}, \chi_{ijt}, \xi_{ijt}) = \max U_{imt}(Fees_{imt} - C_{ijmt}, X_{imt}, \chi_{imt},$$

$$\xi_{imt}) \quad (5-3)$$

为了更好地拟合计算消费者剩余的变动。本章将效用函数［式（5－1）］中的残差项设定为服从标准正态分布。以第四章表4－3中估计的系数和实际样本的观测值计算每个公司对五个事务所选项的效用值，效用值最大的事务所便是公司的选择。随后，从市场中移除一个"四大"。同样方法计算每个公司对四个事务所选项的效用值，效用值最大的事务所便是限制条件下公司的选择。借鉴 Gerakos 和 Syverson（2015）、Guo 等（2017）的计算方法，将两个最大效用值的差值用估计的审计费用边际支付意愿转换，便得到反事实条件下的消费者剩余的变动值。因为审计费用是对数形式，所以 C_{ijmt} 等于经审计费用边际支付意愿标准化后的两个最大化效用的差值再指数化。本章基于每个公司不同的残差项计算 1000 次，再计算出其期望值 $E\left[C_{ijmt}\right]$，最后将审计市场上所有消费者剩余损失加总，得到不同"四大"在不同时期退出市场的消费者剩余总损失值。

第四节　实证检验

一　描述性统计

表5－2为样本的描述统计结果。其中，审计费用［Ln(Fees)］均值为4.066，与中位数4.007基本相等，表明该数据呈正态分布。公司特征变量中公司规模［Ln(Assets)］、业务复杂度［Ln(Segments)］、资产负债率（Debt）、总资产报酬率（Roa）、库存和应收账款占总资产比率（InvRec）、经营现金流量营收比（Roc）的均值与中位数也基本持平，表明这些数据呈正态分布。海外销售率（Foreign Sales）均值（0.096）略大于中位数（0.000），流动比率（Current）均值（2.069）略大于中位数（1.389），主营业务收入增长率（Growth）均值（0.211）略大于中位数（0.118），数据分布均略呈右偏。虚拟变量中是否为国企（National）均值为0.545，表明样本中54.5%为国企，而亏损（Loss）的样本比率为10.9%。

表 5 - 2   描述性统计结果

Variable	N	P25	P50	Mean	P75	SD
Ln(Fees)	21721	3.689	4.007	4.066	4.382	0.608
Ln(Assets)	21721	11.612	12.320	12.445	13.122	1.209
Ln(Segments)	21721	0.000	0.693	0.632	1.099	0.634
Foreign Sales	21721	0.000	0.000	0.096	0.103	0.186
Debt	21721	0.309	0.472	0.475	0.624	0.233
Roa	21721	0.011	0.033	0.032	0.060	0.065
InvRec	21721	0.146	0.253	0.276	0.379	0.175
Current	21721	0.964	1.389	2.069	2.186	2.277
Roc	21721	0.006	0.075	0.080	0.167	0.243
Growth	21721	-0.030	0.118	0.211	0.295	0.574
MSA	21721	0.000	0.000	0.019	0.000	0.137
Location	21721	0.000	0.000	0.165	0.000	0.371
National	21721	0.000	1.000	0.545	1.000	0.498
Loss	21721	0.000	0.000	0.109	0.000	0.311
Not Prior Clients	21721	0.000	0.000	0.012	0.000	0.107
Ind_Lead	21721	0.000	0.000	0.021	0.000	0.144
Ind_Spec	21721	0.000	0.000	0.012	0.000	0.107

二 反事实推理 （Counterfactual Reasoning）

结果如表 5 - 3 所示，审计市场消费者剩余损失总值范围为 418.229 百万元（KPMG 在 2013 年退出）至 433.751 百万元（PwC 在 2015 年退出），占当年所有样本公司审计费用之和的 17.41%— 21.97%，这与 Gerakos 和 Syverson （2015）研究美国市场的结果类似。可见，"四大"之一退出我国审计市场，会造成消费者剩余损失，不利于审计市场健康发展，我国在督促"四大"提供高审计质量时，也需效仿美国小心对待"四大"，防止安达信事件重演导致我国审计市场福利损失。此外，我国应进一步推动非"四大"做大做强，使其能满足大型公司尤其是跨国公司的审计需求，打破大小客户市场壁垒，优化审计市场竞争格局。表5-4为反事实下市场消费者剩余损失均值，当年是退出"四大"的客户，消费者剩余损失均值范围为15.363万元（E&Y在2014年退出）至38.825万元（KPMG在2014年退出），可见损失主要来自这部分失去最高效用选择的公司，这与前文理论分析一致。表5-5为市场消费者剩余损失均值与资产、审计费用的相关系数。由此可见，当年是退出"四大"的客户，其公司规模、审计费用均与其消费者剩余损失正相关；而当年非退出"四大"的客户，其公司规模、审计费用则与其消费者剩余损失没有相关性，其损失源于效用函数中不可观测的部分，即残差。这与前文审计需求模型效用函数一致，公司规模和审计费用作为重要的特征变量，在退出"四大"的客户中，这两者越高的公司，其消费者剩余损失值也越高。

表5-3　　　市场整体消费者剩余损失及占当年审计费用比重

单位：百万元

	2013 年		2014 年		2015 年	
PwC	427.289	21.97%	430.008	20.44%	433.751	17.97%
Deloitte	422.058	21.71%	427.150	20.30%	427.507	17.72%
KPMG	418.229	21.51%	420.500	19.98%	420.037	17.41%
E&Y	423.143	21.76%	419.836	19.95%	421.773	17.48%
审计费用总计	1944.441		2104.160		2413.141	

表5-4　　　　　　　　市场消费者剩余损失均值　　　　单位：万元

		2013 年	2014 年	2015 年
PwC	Client	26.995	32.958	35.884
	Not a client	1.920	1.920	1.919
Deloitte	Client	20.032	30.398	32.948
	Not a client	1.920	1.920	1.920

续表

		2013 年	2014 年	2015 年
KPMG	Client	23.207	38.825	34.935
	Not a client	1.919	1.919	1.919
E&Y	Client	22.874	15.363	16.953
	Not a client	1.919	1.919	1.918

表 5 - 5   市场消费者剩余损失均值与资产、审计费用相关系数

		2013 年		2014 年		2015 年	
		Ln (Assets)	Ln (Fees)	Ln (Assets)	Ln (Fees)	Ln (Assets)	Ln (Fees)
PwC	Client	0.653	0.299	0.647	0.278	0.630	0.272
	Not a client	-0.009	0.000	-0.004	-0.001	0.003	0.003
Deloitte	Client	0.262	0.077	0.641	0.296	0.496	0.216
	Not a client	-0.003	0.000	0.005	0.005	0.000	0.000
KPMG	Client	0.246	0.066	0.509	0.253	0.627	0.283
	Not a client	0.011	0.005	-0.010	-0.009	0.002	0.002
E&Y	Client	0.512	0.294	0.471	0.383	0.234	0.169
	Not a client	-0.006	-0.004	-0.008	-0.009	0.004	0.001

三 稳健性检验

如前文所述，"四大"在第五组市场的客户资产市场份额达到88.08%。基于美国学者贝恩对市场的分类，大客户市场属于极高寡占型（CR4≥75%），可见大客户市场集中选择"四大"。一旦"四大"变为"三大"，会对大客户市场影响显著。以每年公司规模是否处于前20%，将市场分为大、小客户市场，并计算大、小客户市场的消费者损失均值，如表5-6所示。大客户市场和小客户市场的损失均主要来自当年是退出"四大"的客户，也即该部分失去最高效用选择的公司。小客户市场消费者剩余损失均值范围为4.042万元（KPMG 在 2015 年退出）至 21.811 万元（Deloitte 在 2015 年退出），而大客户市场的消费者剩余损失均值范围为 18.213 万元

（E&Y 在 2014 年退出）至 48.974 万元（KPMG 在 2014 年退出）。可见，"四大"之一退出对大客户市场的公司影响较大，这与前文所述在大客户市场上"四大"与非"四大"市场力量相差悬殊相一致，一旦"四大"之一退出，大客户公司选择面会更为狭窄。

表5-6　　　　　大客户与小客户市场消费者剩余损失均值　　　单位：万元

		2013 年		2014 年		2015 年	
		大客户 市场	小客户 市场	大客户 市场	小客户 市场	大客户 市场	小客户 市场
PwC	Client	33.561	11.853	38.674	14.666	42.318	13.072
	Not a client	1.919	1.920	1.920	1.919	1.921	1.918
Deloitte	Client	21.146	18.310	36.874	17.985	38.274	21.811
	Not a client	1.919	1.920	1.921	1.921	1.918	1.920
KPMG	Client	23.207	0.000	48.974	15.144	42.659	4.042
	Not a client	1.918	1.919	1.916	1.920	1.919	1.918
E&Y	Client	28.129	12.363	18.213	9.256	18.699	13.754
	Not a client	1.920	1.919	1.918	1.920	1.920	1.918

考虑到模型的适用性，本章仅保留每年公司规模处于前 20% 的样本（大客户市场），聚焦分析"四大"之一退出对大客户市场消费者剩余的影响，以增强本书结论稳健性。如表 5-7 所示，审计市场消费者剩余损失总值范围为 84.832 百万元（KPMG 在 2013 年退出）至 99.229 百万元（PwC 在 2015 年退出），占当年该部分样本公司审计费用之和的 16.69%—22.65%。表 5-8 为大客户市场消费者剩余损失均值与资产、审计费用的相关系数。由此可见，当年退出"四大"的客户，其公司规模、审计费用均与其消费者剩余损失正相关。而当年非退出"四大"的客户，其公司规模、审计费用则与其消费者剩余损失没有相关性，其损失源于效用函数中不可观测的部分，即残差。可见，在大客户市场，"四大"之一退出会造成其消费者剩余损失，且损失值来自退出"四大"的客户。同样公

司规模和审计费用越高的公司，其消费者剩余损失值也越高。结论
均与全样本分析一致，增强了本章结论的稳健性。

表 5 – 7　　　　　　大客户市场消费者剩余损失总值　　　单位：百万元

	2013 年		2014 年		2015 年	
PwC	92.455	22.65%	95.207	21.46%	99.229	19.11%
Deloitte	86.648	21.22%	91.507	20.63%	91.698	17.66%
KPMG	84.832	20.78%	86.557	19.51%	86.642	16.69%
E&Y	88.647	21.71%	85.789	19.34%	87.111	16.78%
审计费用总计	408.271		443.606		519.170	

表 5 – 8　　　　　　大客户市场消费者剩余损失均值与资产、
　　　　　　　　　　审计费用相关系数　　　　　　单位：万元

		2013 年		2014 年		2015 年	
		Ln (Assets)	Ln (Fees)	Ln (Assets)	Ln (Fees)	Ln (Assets)	Ln (Fees)
PwC	Client	0.568	0.148	0.623	0.171	0.555	0.136
	Not a client	−0.001	0.010	−0.001	0.002	−0.018	−0.008
Deloitte	Client	0.441	0.073	0.524	0.109	0.359	0.066
	Not a client	0.002	0.002	0.006	0.003	0.031	0.015
KPMG	Client	0.246	0.066	0.506	0.067	0.600	0.186
	Not a client	0.017	0.005	0.017	0.014	0.011	0.007
E&Y	Client	0.487	0.092	0.014	0.177	0.351	0.169
	Not a client	0.000	−0.006	0.015	0.008	0.000	−0.005

第五节　本章小结

本章以 2000—2015 年沪深 A 股上市公司为样本，基于我国审
计市场的需求模型，探讨了"四大"变为"三大"对审计市场消费

者剩余的影响。研究发现，"四大"变为"三大"会造成审计市场的消费者剩余受损范围为418.229百万元（KPMG在2013年退出）至433.751百万元（PwC在2015年退出），占当年所有样本公司审计费用之和的17.41%—21.97%；该结论在大客户市场上保持一致。

审计市场的竞争是依赖于审计市场结构的一种动态竞争行为。审计市场进入壁垒的存在，形成了两种不同的竞争态势："四大"在大客户市场具有垄断势力，而非"四大"在小客户市场上激烈竞争甚至恶性竞争。这不仅不利于社会福利，而且会损害消费者剩余。我国监管部门需要重点关注审计市场的进入壁垒，"做大"尤其是"做强"中小会计师事务所，促进审计市场全面良性竞争。以期进一步优化我国审计市场，形成高效有序的服务市场，保障社会福利尤其是消费者剩余不受损害。

第六章

会计师事务所强制轮换与消费者剩余

第一节　研究问题

近年来，会计师事务所的强制轮换引起了世界各国政府监管部门及研究学者的广泛关注。2016年6月欧盟开始实施事务所强制轮换政策，而美国国会基于事务所轮换的效益是否真正超过成本的担忧，未将此制度纳入法案。有学者认为定期轮换机制是提高审计质量、增强审计独立性的最佳选择，但反对者认为事务所轮换在大幅增加审计成本的同时对提高审计质量的作用微乎其微。我国从2004年起对中央企业实施了事务所强制轮换制度，且在2010年进一步要求国有及控股金融企业定期轮换事务所。因此，关于我国事务所定期轮换制度是否进一步推广到所有上市公司成了普遍关注的问题。

豪斯曼（Jerry A. Hausman）提出社会利益主要由消费者利益决定，而消费者剩余是消费者利益的集中体现。在审计市场上，所有公司消费者剩余之和是衡量审计市场给公司带来净价值的指标，因此保障消费者剩余是审计市场运行的必然要求（Mankiw，1997；Gerakos and Syverson，2015）。基于此，本章研究事务所轮换政策对消费者剩余的影响，以期为该政策对审计市场运行的作用提供一个判断标准。审计市场消费者剩余指公司购买审计服务获得的效用价值与实际支付的审计费用之差（Mankiw，1997；Gerakos and Syverson，2015）。消费者购买审计服务获得的效用价值直接体现为审计质量，而事务所强制轮换对审计任期的限制会影响执业独立性和专业胜任能力，进而影响审计质量。我国上市公司的事务所平均任期为6.06年；约有15.42%的事务所审计任期超过9年，均值为13.88年，具体见图6-1。近十年的平均审计任期均近5年，且近年有上升趋势，具体见图6-2。很多业界人士和学者担心公司与事务所的长期合作会"日久生情"，影响事务所执业时的独立性，而事务所强制轮换能增强审计独立性（刘骏，2005；江伟等，2011；Dopuch et al.，2001；Daniels and Booker，2011；Harris，2012）。但对事务所轮换制持反对观点者认为事务所与公司长期的伙伴关系会"熟能生巧"，事务所利用多年的审计经验，更能准确地判断客户财务报表中存在的错误，专业胜任能力更强，审计质量也更高（Libby and Frederic，1990；Myers et al.，2003；Ghosh and Moon，2005；Chen et al.，2008），新任事务所在初始年度却容易出现审计失败（Geiger and Raghunandan，2002；Carcello and Nagy，2004）。还有学者认为事务所轮换对审计质量的

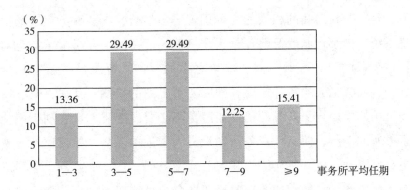

图6-1 事务所平均任期

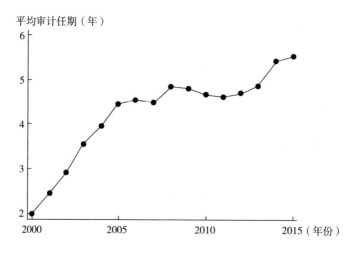

图6-2 我国平均审计任期折线

提升并不显著（Daniels and Booker，2011；Kwon et al.，2014）。可见，事务所强制轮换虽然能缓解长期合作对执业独立性的损害，但会导致继任事务所的专业胜任能力下降，对审计质量的影响并没有达成统一意见。

此外，事务所轮换制还会增加消费者的成本，这主要且直接体现在公司支付的审计费用。事务所长期审计特定公司会"熟能生巧"，而事务所强制轮换制将会增加审计成本和审计收费（江伟等，2011；谢盛纹，2014；Cohen Commission 1978；AICPA，1992）。首先，事务所长时间的积累能充分了解公司经营、支持财务报表的信息系统、内部控制以及财务报表惯例等，而新任事务所由于缺乏对特定公司的审计经验，需要花费更多的时间、资源来了解客户信息，且面临更大的审计风险，理应要求更高的报酬。其次，事务所和公司的长期合作形成的信任能避免不必要的矛盾，这有利于简化事务所的工作，而新任事务所则没有沟通成本优势，导致审计收费更高。因此，事务所连续为特定公司服务时，"熟能生巧"会形成专用性资产，这些资产的价值只有在合约存续期间才有其相应的价值，而事务所轮换会导致这些专用性资产不复存在，使审计收费上升。可见，事务所强制轮换给消费者带来了额外的成本，不利于消费者剩余。美国审计总署研究报告（GAO，2003）的结论明显倾向于"暂缓实行事务所的强制轮换制"。以往关于事务所轮换的研究多基于审计质量、审计费用、独立性等传统视角，没有从该政策是否有利于消费者剩余的角度进行研究。因此，本章从消费者剩余角度出发，定量研究事务所强制轮换制度对我国审计市场运行的影响，以期得出更具一般性和直观性的结论，为监管部门提供理论参考。

第二节　理论分析与研究假设

事务所强制轮换制是指限制一家事务所能连续审计一所公司的任期。事务所强制轮换制度的相关经济后果一直是各国学者关注的焦点，国内外研究主要将该制度变化对审计质量和审计费用的影响割裂探讨，鲜有从审计市场整体出发，探讨审计服务是否能够满足消费者的福利，因此不能得出更具一般性的结论。马歇尔（Alfred Marshall）指出："一切需要的最终调节者是消费者的需要"，豪斯曼（Jerry A. Hausman）也认为社会利益主要由消费者利益决定。可见消费者剩余作为消费者利益的集中体现，是具有说服力的衡量社会福利的指标。因此，当政策制定者制定一种经济制度时，消费者剩余是该制度适合与否的判断标准，能对市场结果的合意性做出规范性判断。消费者剩余是指购买者愿意为一种物品支付的量减去其为此实际支出的量（Mankiw，1997），即消费者获得的价值减去支付的成本。审计质量体现了消费者购买审计服务获得的价值，审计费用则是消费者为得到审计服务支付的直接成本。因此，本章基于消费者剩余的定义出发，首先分别梳理事务所强制轮换对审计质量、审计定价的影响，最终落脚于事务所转制与消费者剩余。

一 事务所强制轮换与审计质量

DeAngelo（1981b）将审计质量定义为审计师发现被审计公司会计报表中问题的能力和报告所发现问题可能性的联合概率。审计师的专业胜任能力决定了其是否能发现公司财务报表的问题，而审计师的独立性则决定了其是否在发现问题后进行报告。可见，审计质量取决于审计师的专业胜任能力与其独立性两个因素。基于Catanach 和 Walker（1999）提出的审计师任期与审计质量关系的分析框架，事务所强制轮换对审计任期的限制会对审计独立性、审计专业胜任能力产生直接影响，进而影响审计质量。

一方面，公司与事务所如果长期合作会"日久生情"，甚至产生"经济依赖性"，将影响其基于执业独立性完成职责的动力，进而损害审计质量，而事务所强制轮换制能冲淡事务所与客户公司长期合作的"融洽氛围"，同时减轻事务所对客户的过度依赖，最终提高审计独立性。Dopuch 等（2001）对事务所强制轮换或留任与审计独立性之间的关系进行实验研究，发现较长的审计任期会损害审计独立性，而事务所强制轮换可以缓解这种损害。Daniels 和 Booker（2011）的研究同样发现，事务所轮换会提升银行信贷员对公司审计独立性的感知，但并不影响对公司审计质量的评价。刘骏（2005）对事务所轮换制和审计独立性进行了全方位的理论分析，提出事务所轮换制能增强审计独立性。可见，针对我国审计市场结构现状，事务所轮换能从根本上提高审计独立性，减少事务所说"不"的压力。事务所强制轮换制度是缓解"日久生情"对独立性损害的一种有效机制。

另一方面，审计任期越长，事务所"熟能生巧"积累的行业专长资产就越多，具备的专业胜任能力也越高，进而提高审计质量。事务所连续审计特定公司时，能对财务报表发生错误的频率做出更准确的判断（Butt，1988），能更敏锐地发现财务报表中的错误（Libby and Frederic，1990）。因此，审计任期越长，事务所专业胜任能力越高，审计质量也越高（Myers et al.，2003；Ghosh and

Moon, 2005；Chen et al., 2008）。事务所轮换后，继任事务所失去了"熟能生巧"的经验优势，对新公司的经营、信息系统、内部控制以及财务报表惯例等均缺乏了解，专业胜任能力下降，在初始年度往往不能发现重大财务报表问题（Palmrose, 1986；Geiger and Raghunandan, 2002；Johnson et al., 2002；Carcello and Nagy, 2004；Chen et al., 2008；Cameran et al., 2015）。此外，轮换制还会使事务所失去动力投入时间、资源了解特定行业，导致专业胜任能力下降。因此，事务所强制轮换会失去"熟能生巧"的优势，导致其专业胜任能力下降。

以往研究关于事务所强制轮换对审计质量的影响没有达成共识（曹伟和桂友泉，2003；李兆华，2005；Dopuch et al., 2001；Imhoff, 2003；Daniels and Booker, 2011）。可见，事务所强制轮换虽然有利于提高事务所独立性，但继任事务所专业胜任能力下降，对审计质量的影响难以判断。从需求方（公司）角度出发，审计质量体现了消费者购买审计服务获得的价值，因而难以判断事务所强制轮换政策对消费者获得价值的影响。

二　事务所强制轮换与审计费用

事务所与公司的长期合作关系会形成专用性资产，也即"熟能生巧"，事务所强制轮换会导致这些专用性资产不复存在，审计效率降低，从而增加审计费用（Catanach and Walker, 1999）。新任事务所不仅需要花费重复性初始费用，如初次审计时所必需的会计程序等，而且需要花费时间与客户熟悉，这些都会大幅增加审计成本（江伟等，2011；Cohen Commission, 1978；GAO, 2003）。因此，现任事务所相对于其他事务所拥有成本优势，而后续事务所审计成本和风险的上升，最终导致审计费用的增加。Kwon（2014）和谢盛纹等（2014）研究均发现事务所轮换后审计费用有大幅提升。此外，对于审计市场上时有的"低价揽客"行为，继任事务所的审计费用并不一定低于前任事务所（谢盛纹等，2014）；且已有研究表明，我国没有发现"低价揽客"的明显证据①。相反初始审计存在显著的"溢价"（刘斌等，2003；李爽、吴溪，2004；李眺，2005）。对审计市场上消费者而言，事务所强制轮换政策带来的主要且直接的成本是被审计单位支付的审计费用。因此，从需求方（公司）角度出发，事务所强制轮换会失去"熟能生巧"带来的成本优势，导致审计费用增加，也即增加了消费者的付出成本，这会导致公司购买审计服务获得的"净价值"降低。

三　事务所强制轮换与消费者剩余

审计市场的消费者剩余是指公司购买审计服务获得的价值减去实际支出的量。事务所强制轮换增加消费者的成本，对审计质量的影响没有定论，难以判断该政策给消费者带来的价值是否超过了增加的成本。AICPA 于 1992 年公开表明，会计师事务所强制轮换并不符合公众的利益。美国独立准则委员会（ISB）在 2001 年发布的《审计人员独立性概念框架（征求意见稿）》指出，强制性轮换会计师事务所有助于审计师发布无偏审计意见，不过审计费用会提高。2011 年，美国注册会计师协会（AICPA）主席格雷格·安东（Greg Anton）和首席执行官麦兰肯（Barry Melancon）共同致信美国公众公司会计监督委员会（PCAOB），他们认为事务所对公司情况了解越多，越能保证审计的质量，而事务所强制轮换代价高昂，且存在削弱而非提升审计质量的隐患。Cameran 等（2015）认为事务所强制轮换成本高且轮换后审计质量下降。美国审计市场中，几乎所有特大型事务所和《财富》1000 强公众公司一致认为，事务所强制轮换制度会造成得不偿失，而其他利益相关者也认为如此（GAO，2003），美国国会最终也否决了该提案。Gerakos 和 Syverson（2015）探讨认为美国审计市场事务所轮换会造成消费者剩余损失。我国学者鲜有从消费者剩余角度探讨该政策实施效果，基于前文所述，我

---

① Huang 等（2015）研究发现事务所轮换后审计费用下降，但由于事务所轮换包括自愿轮换和强制轮换，因此存在事务所轮换导致审计费用降低的可能。本章主要聚焦研究事务所强制轮换的影响。

国形成了完全不同于英美等国的独特市场结构与竞争态势，因此相关政策的实施也不能照搬美国审计市场。Gietzmann 和 Sen（2002）认为，如果审计市场中只有较少的大型公司（Thin Markets），事务所强制轮换制增加的效用才能超过成本，而我国显然不属于该类市场。汪月祥等（2008）通过调查问卷的方式探讨了强制轮换制度，认为该制度带来了较高的审计成本，而审计质量并未发生实质性改变。基于以上分析，本章认为事务所强制轮换给消费者带来的成本超过了增加的价值，并不利于消费者剩余。因此，本章提出研究零假设：

H1：在其他条件不变的情况下，事务所强制轮换政策不会影响消费者剩余。

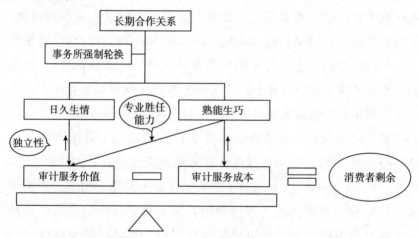

图 6 - 3　事务所强制轮换与消费者剩余

第三节　研究设计与样本选择

一　样本选择与数据来源

本章以 2000—2015 年为样本区间，选取沪深交易所 A 股上市公司作为初始样本，数据来源、样本选择、筛选和处理程序与第四章一致。同样，通过中国注册会计师协会网站及各事务所官网手工收集整理事务所合并信息，以及"四大"总部及分所所在地、成立时间等信息，其他财务数据来源于 CSMAR 数据库、WIND 数据库以及 CCER 数据库。同样剔除金融、保险类、ST、＊ST 股及财务数据缺失的公司样本，本章最终得到 21721 个样本。在进行回归检验时，由于制造业公司数量众多，制造业行业代码保留 2 位，其余行业代码保留 1 位。为避免极值所产生影响，对所有连续变量上下 1% 的极值进行缩尾处理（Winsorize）。

二　研究设计

本章拟采用反事实推理研究如果在我国审计市场实施会计师事务所强制轮换对消费者剩余的影响。反事实推理又称反事实思维，常常被用来进行因果归因（Kahneman and Tversky，1982）。反事实思维强调的是对过去进行模拟和替换（如事务所强制轮换），以预测、推理并因果归因。本章以此为理论基础，探究如果我国在所有上市公司中推广事务所强制轮换制度对消费者剩余的影响。

基于第四章的效用函数计算并估计公司购买审计服务的效用值，公司从"四大"中选择审计服务的效用如函数［式（6－1）］所示，U_{ijt} 指 i 公司在 t 期选择 j 事务所所带来的净效用值，影响因素主要可分为价格特征（审计费用）及非价格特征。非价格特征主要包括事务所特征、公司特征以及公司与事务所关系特征三个方面，具体定义与第四章一致。将市场上所有非"四大"视为一类选择，并将其审计服务设定为基准组。如果将效用模型［式（6－1）］写成：$U_{ijt} = V_{ijt} + \xi_{ijt}$，那么公司从非"四大"选择审计服务的效用为 $U_{i0t} = V_{i0t} + \xi_{i0t}$，$U_{i0t}$ 包括相同的公司特征、事务所特征以及两者关系特征。采用条件 Logit 模型（又称 McFadden 模型），如式（6－2）所示，通过极大似然估计以得到系数 α_0、α_1、β_{1k}、β_{2k} 估计值。P_{ijt} 为公司 i 在 t 时期选择 j 事务所的概率，可见公司从事务所审计产品获得的效用值越高，选择该事务所的概率也越高。变量具体定义如表 6 - 1 所示。

$$U_{ijt} = \alpha_0 X_{ijt} + \sum_{k=1}^{4} (\beta_{1k}\delta_k + \beta_{2k}\delta_k\chi_{it}) - \alpha_1 \ln(Fees_{ijt}) + \xi_{ijt} \quad (6-1)$$

$$P_{ijt} = \frac{\exp(V_{ijt})}{\sum_{k=0}^{4} \exp(V_{ikt})} \quad (6-2)$$

参考 McFadden（1999）的方法，本章首先计算了每一个公司在反事实下消费者剩余的变动值，然后加总即得市场上所有消费者剩余的变动值（Dube et al.，2002；Train，2009）。具体计算如式（6-3）所示，$\max U_{ijt}(Fees_{ijt}, X_{ijt}, \chi_{ijt}, \xi_{ijt})$ 为实际中公司 i 在 t 时期选择 j 事务所的最大化效用值，而 $\max U_{imt}(Fees_{imt}, X_{imt}, \chi_{imt}, \xi_{imt})$ 为在事务所强制轮换制度下，公司 i 在 t 时期选择 m 事务所的最大化效用值。C_{ijmt} 则为消费者剩余的损失，可以简单理解为，在反事实下，若要保持消费者剩余不变，审计费用的下降值。

$$\max U_{ijt}(Fees_{ijt}, X_{ijt}, \chi_{ijt}, \xi_{ijt}) = \max U_{imt}(Fees_{imt} - C_{ijmt}, X_{imt}, \chi_{imt}, \xi_{imt}) \quad (6-3)$$

为了更好地拟合计算消费者剩余的变动，本章将效用函数［式（6-3）］中的残差项设定为服从标准正态分布。受模型所限，本章只考虑对"四大"实施强制轮换制度。首先，以第四章表 4 - 3 中估计的系数和实际样本的观测值计算每个公司对五个事务所选项的效用值，效用值最大的事务所便是公司的选择。随后，对每个公司而言，如果某事务所审计任期超过了设定的强制轮换年限，那么该公司当年便不能继续聘任该事务所，需要将该事务所从当年选项中移除。用同样方法计算得到在事务所强制轮换制度下，每个公司对剩余事务所选项的效用值，效用值最大的事务所便是限制条件下公司的选择。借鉴 Gerakos 和 Syverson（2015）、Guo 等（2017）的计算方法，将两个最大效用值的差值用估计的审计费用边际支付意愿转换，便得到反事实条件下的消费者剩余的变动值。因为审计费用是对数形式，所以 C_{ijmt} 等于经审计费用边际支付意愿标准化后的两个最大化效用的差值再指数化。本章基于每个公司不同的残差项计算 1000 次，再计算出其期望值 $E\left[C_{ijmt}\right]$，最后将审计市场上所有消费者剩余损失加总，得到在事务所强制轮换制度下消费者剩余总损失值。

表 6-1　　　　　　　　　　变量定义

变量名称	符号	定义
消费者剩余	U	公司购买事务所审计产品所获得的净效用值即消费者剩余，所有上市公司选择购买审计产品所得净效用值之和为消费者总剩余
审计费用	Ln(Fees)	审计费用的对数（单位：万元）
公司规模	Ln(Assets)	年末总资产的自然对数（单位：万元）
业务复杂度	Ln(Segments)	公司经营范围涉及行业数的对数
海外销售率	Foreign Sales	海外销售额占总销售额的比重
资产负债率	Debt	年末总负债占总资产的比重
总资产报酬率	Roa	净利润占总资产余额的比重
库存和应收账款与总资产比率	InvRec	库存和应收账款之和占总资产比重
流动比率	Current	流动资产与流动负债的比值
经营现金流量营收比	Roc	经营活动现金净流量与营业收入比值
主营业务收入增长率	Growth	当年主营业务收入比上一年的增长率
是否换所	Not Prior Clients	未由上一年事务所审计取值为1，否则取值0
是否国企	National	国企取值为1，非国企取值为0
当地是否有分所	MSA	"四大"在公司注册地已有分所取值为1，否则取值为0，以省、自治区、直辖市为单位
地理位置	Location	由于"四大"总部在北京或上海，公司注册地在北京或上海取值为1，否则取值为0
是否亏损	Loss	亏损取值1，否则取值为0
行业领导	Ind_Lead	"四大"在该行业有最高的资产市场份额取值为1，否则取值为0
行业专长	Ind_Spec	"四大"在该行业审计费用市场份额超过30%取值为1，否则取值为0

第四节　实证检验

一　描述性统计

表 6 - 2 为样本的描述统计结果。其中，审计费用 [Ln(*Fees*)] 均值为 4.066，与中位数 4.007 基本相等，表明该数据呈正态分布。公司特征变量中公司规模 [Ln(*Assets*)]、业务复杂度 [Ln(*Segments*)]、资产负债率（*Debt*）、总资产报酬率（*Roa*）、库存和应收账款占总资产比率（*InvRec*）、经营现金流量营收比（*Roc*）的均值与中位数也基本持平，表明这些数据呈正态分布。海外销售率（*Foreign Sales*）均值（0.096）略大于中位数（0.000），流动比率（*Current*）均值（2.069）略大于中位数（1.389），主营业务收入增长率（*Growth*）均值（0.211）略大于中位数（0.118），数据分布均略呈右偏。虚拟变量中是否为国企（*National*）均值为 0.545，表明样本中 54.5% 为国企，而亏损（*Loss*）的样本比率为 10.9%。

表 6 - 2　　　　　　　　　　描述性统计

Variable	N	P25	P50	Mean	P75	SD
Ln(*Fees*)	21721	3.689	4.007	4.066	4.382	0.608
Ln(*Assets*)	21721	11.612	12.320	12.445	13.122	1.209
Ln(*Segments*)	21721	0.000	0.693	0.632	1.099	0.634
Foreign Sales	21721	0.000	0.000	0.096	0.103	0.186
Debt	21721	0.309	0.472	0.475	0.624	0.233
Roa	21721	0.011	0.033	0.032	0.060	0.065
InvRec	21721	0.146	0.253	0.276	0.379	0.175
Current	21721	0.964	1.389	2.069	2.186	2.277
Roc	21721	0.006	0.075	0.080	0.167	0.243
Growth	21721	-0.030	0.118	0.211	0.295	0.574
MSA	21721	0.000	0.000	0.019	0.000	0.137

续表

Variable	N	P25	P50	Mean	P75	SD
Location	21721	0.000	0.000	0.165	0.000	0.371
National	21721	0.000	1.000	0.545	1.000	0.498
Loss	21721	0.000	0.000	0.109	0.000	0.311
Not Prior Clients	21721	0.000	0.000	0.012	0.000	0.107
Ind_Lead	21721	0.000	0.000	0.021	0.000	0.144
Ind_Spec	21721	0.000	0.000	0.012	0.000	0.107

二 反事实推理（Counterfactual Reasoning）

本章计算了 4—10 年年限的事务所强制轮换，并分别计算了 2013 年、2014 年和 2015 年开始实施强制轮换政策的结果，以保证估计结果不受时间的影响。结果如表 6 - 3 所示，事务所强制轮换会造成审计市场消费者剩余损失：10 年轮换期会导致我国审计市场消费者剩余损失 421.313 百万—423.837 百万元，占当年所有样本公司审计费用之和比重为 17.56%—21.67%；而 4 年轮换期损失范围为 433.910 百万—441.240 百万元，占当年所有样本公司审计费用之和比重为 18.28%—22.32%。可见，一旦达到强制轮换年限，公

表 6 - 3　　市场整体消费者剩余损失及占当年审计费用比重

单位：百万元

	2013 年		2014 年		2015 年	
4	433.910	22.32%	436.648	20.75%	441.240	18.28%
5	431.568	22.19%	434.302	20.64%	437.217	18.12%
6	429.439	22.09%	430.573	20.46%	433.779	17.98%
7	426.935	21.96%	429.096	20.39%	429.368	17.79%
8	424.063	21.81%	427.607	20.32%	428.301	17.75%
9	422.145	21.71%	424.383	20.17%	426.719	17.68%
10	421.313	21.67%	422.220	20.07%	423.837	17.56%
审计费用合计	1944.441		2104.16		2413.141	

司增加的成本大于获得的价值，推翻了假设 H1。此外，强制轮换年限越短，消费者剩余损失越大。其原因在于强制轮换年限越短，受政策影响的公司越多。这与 Gerakos 和 Syverson（2015）研究美国市场的结果相同，说明尽管我国与美国审计市场结构有较大区别，但是政府也暂不能将事务所强制轮换推广到所有上市公司，以免政策实施造成福利损失。本章计算的消费者剩余是强制轮换政策实施当年一次的损失，政策后续依然会造成损失。以 4 年年限事务所强制轮换政策为例，实施当年影响事务所任期大于等于 4 年的公司，实施次年则会影响次年任期达到 4 年的公司。

表 6-4 为反事实下市场消费者损失均值，可见损失主要来自受到政策影响的公司。10 年轮换期下该部分消费者剩余均值损失范围为 24.702 万—28.089 万元，而 4 年轮换期下该部分消费者剩余均值损失范围为 26.873 万—32.877 万元。可见，强制轮换年限越短，消费者剩余损失均值也越大。表 6-5 为市场消费者剩余损失均值与资产、审计费用的相关系数。由此可见，受政策影响的客户，其公司规模、审计费用均与消费者剩余损失正相关；而当年未受政策影响的客户，其公司规模、审计费用均与消费者剩余损失没有相关性，其损失源于效用函数中不可观测的部分，即残差。这与前文审计需求模型效用函数一致，公司规模和审计费用作为重要的特征变量，在受政策影响的客户中，这两者越高的公司，其消费者剩余损失值也越高。

表 6-4   **市场消费者剩余损失均值**   单位：万元

		2013 年	2014 年	2015 年
4	受政策影响	26.873	29.403	32.877
	未受政策影响	1.918	1.919	1.920
5	受政策影响	27.236	30.489	32.378
	未受政策影响	1.919	1.918	1.919
6	受政策影响	27.732	28.912	32.066
	未受政策影响	1.919	1.919	1.919

续表

		2013 年	2014 年	2015 年
7	受政策影响	26.403	30.537	29.939
	未受政策影响	1.919	1.918	1.919
8	受政策影响	25.311	30.654	29.667
	未受政策影响	1.919	1.920	1.919
9	受政策影响	23.024	29.575	29.706
	未受政策影响	1.919	1.919	1.918
10	受政策影响	24.702	25.949	28.089
	未受政策影响	1.919	1.919	1.919

表6-5　市场消费者剩余损失均值与资产、审计费用相关系数

		2013 年		2014 年		2015 年	
		Ln (Assets)	Ln (Fees)	Ln (Assets)	Ln (Fees)	Ln (Assets)	Ln (Fees)
4	受政策影响	0.540	0.229	0.487	0.182	0.478	0.192
	未受政策影响	0.003	0.005	-0.008	-0.003	0.009	0.002
5	受政策影响	0.573	0.248	0.554	0.235	0.468	0.177
	未受政策影响	0.004	-0.002	0.000	0.001	-0.005	-0.002
6	受政策影响	0.543	0.217	0.595	0.275	0.512	0.212
	未受政策影响	-0.010	-0.003	-0.002	-0.005	-0.007	-0.004
7	受政策影响	0.538	0.224	0.539	0.221	0.579	0.256
	未受政策影响	0.005	0.003	-0.005	-0.005	-0.004	-0.003
8	受政策影响	0.539	0.164	0.582	0.273	0.544	0.204
	未受政策影响	0.004	0.003	0.008	0.004	0.012	0.009
9	受政策影响	0.436	0.142	0.642	0.248	0.587	0.272
	未受政策影响	-0.002	-0.004	0.001	0.000	0.003	0.003
10	受政策影响	0.527	0.133	0.510	0.211	0.596	0.213
	未受政策影响	0.014	0.005	0.005	0.005	0.004	0.001

三　稳健性检验

为检验本章结论的稳健性，本章进行了以下两个检验。

（一）剔除央企样本

2004 年 2 月，国资委印发的《中央企业财务决算审计工作规则》（国资发评价〔2004〕173 号）首次规定"同一会计师事务所承办企业年度决算审计业务不应连续超过五年"。由于我国对中央企业要求事务所强制轮换，部分上市公司会受到该政策的影响，这可能会影响本章研究结果。因此，本章删除"央企"以进一步保证样本干净度。本章所指的"央企"是由国务院国有资产监督管理委员会（国务院国资委）直接监管下的企业所控股的上市公司，具体包括：①实际控制人为国资委的上市公司。②实际控制人或直接控制人为国资委下中央企业的上市公司。数据来源于 CSMAR 数据库以及国资委网站①。

结果如表 6-6 所示，剔除央企后，10 年轮换期会导致我国审计市场消费者剩余损失 383.706 百万—385.790 百万元，占当年样本公司审计费用之和比重为 19.36%—24.10%；而 4 年轮换期损失范围为 392.935 百万—397.218 百万元，占当年样本公司审计费用之和比重为 19.93%—24.68%。同样强制轮换年限越短，消费者剩余损失也越大。可见，剔除已受到现实政策影响的央企样本后，结果均与前文一致，佐证了本章主要结论。

表 6-6　　　　剔除央企后市场消费者剩余总损失及占

当年审计费用比重　　　　　　　　单位：百万元

	2013 年		2014 年		2015 年	
4	392.935	24.68%	394.865	22.86%	397.218	19.93%
5	391.269	24.57%	393.134	22.76%	394.914	19.82%
6	390.057	24.50%	390.944	22.63%	392.847	19.71%
7	388.116	24.38%	389.663	22.56%	389.910	19.57%

① 国资委央企名录来源：http://www.sasac.gov.cn/n2588035/n2641579/n2641645/index.html。

续表

	2013 年		2014 年		2015 年	
8	386.408	24.27%	388.468	22.49%	388.897	19.52%
9	384.489	24.15%	386.420	22.37%	387.508	19.45%
10	383.706	24.10%	384.222	22.24%	385.790	19.36%
审计费用合计	1592.249		1727.376		1992.656	

表 6 - 7 为剔除央企后，反事实下市场消费者损失均值，可见损失主要来自受到政策影响的公司。10 年轮换期下该部分消费者剩余均值损失范围为 24.702 万—27.615 万元，而 4 年轮换期下该部分消费者剩余均值损失范围为 27.054 万—31.596 万元。表 6 - 8 为市场消费者剩余损失均值与资产、审计费用的相关系数。受政策影响的客户，其公司规模、审计费用均与消费者剩余损失正相关，而当年未受政策影响的客户，其公司规模、审计费用均与消费者剩余损失没有相关性，其损失源于效用函数中不可观测的部分，即残差。结果均与前文保持一致，进一步佐证了本章结论。

表 6 - 7　　　　　**剔除央企后市场消费者剩余损失均值**　　　单位：万元

		2013 年	2014 年	2015 年
4	受政策影响	27.054	29.389	31.596
	未受政策影响	1.918	1.919	1.920
5	受政策影响	26.981	30.664	31.585
	未受政策影响	1.919	1.918	1.919
6	受政策影响	27.844	29.959	31.863
	未受政策影响	1.919	1.919	1.920
7	受政策影响	26.376	31.695	30.262
	未受政策影响	1.919	1.918	1.919
8	受政策影响	25.311	31.401	30.148
	未受政策影响	1.919	1.920	1.919

		2013 年	2014 年	2015 年
9	受政策影响	23.024	29.229	29.812
	未受政策影响	1.919	1.920	1.919
10	受政策影响	24.702	25.239	27.615
	未受政策影响	1.919	1.920	1.918

表 6-8　　　剔除央企后市场消费者剩余损失均值与资产、
审计费用相关系数

		2013 年		2014 年		2015 年	
		Ln (Assets)	Ln (Fees)	Ln (Assets)	Ln (Fees)	Ln (Assets)	Ln (Fees)
4	受政策影响	0.549	0.218	0.527	0.178	0.483	0.165
	未受政策影响	0.006	0.009	-0.008	-0.003	0.003	-0.002
5	受政策影响	0.573	0.236	0.618	0.243	0.489	0.168
	未受政策影响	0.005	0.000	0.002	0.001	-0.010	-0.005
6	受政策影响	0.577	0.225	0.678	0.304	0.570	0.230
	未受政策影响	-0.009	-0.003	-0.003	-0.006	-0.007	-0.005
7	受政策影响	0.576	0.235	0.622	0.247	0.650	0.290
	未受政策影响	0.008	0.004	-0.007	-0.006	-0.001	-0.001
8	受政策影响	0.539	0.164	0.681	0.316	0.623	0.236
	未受政策影响	0.002	0.002	0.002	0.001	0.009	0.008
9	受政策影响	0.436	0.142	0.640	0.244	0.656	0.300
	未受政策影响	-0.003	-0.004	0.001	-0.001	0.006	0.004
10	受政策影响	0.527	0.133	0.482	0.191	0.588	0.207
	未受政策影响	0.011	0.001	0.002	0.003	0.001	-0.001

（二）大客户市场

受审计需求模型所限制，本章主要讨论了"四大"的强制轮换对审计市场消费者剩余的影响。与现在英美高度集中的市场结构不同，我国形成了独特的审计市场结构。Simunic（1980）将当时的美国审计市场分为大、小客户市场分析，并认为"八大"在大客户市场有垄断地位，而其余大量会计师事务所只能在小客户市场上竞争。本章将我国审计市场分为大、小客户市场，分析后同样发现"四大"在我国大客户审计市场上的市场份额高达88.08%[①]，其显著的控制力和影响力使非"四大"在短期内难以形成与之抗衡的力量，只能在小客户市场上激烈竞争甚至恶性竞争，以往学者也得出了类似结论（耿建新和房巧玲，2005；刘明辉和徐正刚，2005；曾亚敏和张俊生，2012）。因此，非"四大"强制轮换对大客户市场影响较小。将本章样本公司以资产规模分为五组，并选择第五组为研究对象，探讨"四大"强制轮换对大客户市场消费者剩余的影响，以增强本章结论稳健性。结果如表6-9所示，10年轮换期会导致我国审计市场消费者剩余损失87.208百万—89.473百万元，占当年所有样本公司审计费用之和比重为17.23%—21.36%；而4年轮换期损失范围为97.905百万—104.899百万元，占当年所有样本公司审计费用之和比重为20.21%—23.98%；且强制轮换年限越短，消费者剩余损失也越大。可见，为排除模型限制对结论的影响，本章单独研究"四大"强制轮换对大客户市场的影响，与前文结论一致，增强了本章结论的稳健性。

表6-9　　　　　　　　大客户市场消费者剩余总损失及占当年

审计费用比重　　　　　　　单位：百万元，%

	2013年		2014年		2015年	
	损失	比重	损失	比重	损失	比重
4	97.905	23.98	100.921	22.75	104.899	20.21
5	96.315	23.59	99.106	22.34	102.142	19.67
6	94.359	23.11	95.649	21.56	98.749	19.02
7	92.306	22.61	94.431	21.29	94.706	18.24

---

① 将上市公司按资产规模分为五组，"四大"在第五组市场的客户资产占有率为88.08%。

续表

	2013 年		2014 年		2015 年	
	损失	比重	损失	比重	损失	比重
8	89.501	21.92	92.907	20.94	93.715	18.05
9	87.699	21.48	89.892	20.26	92.262	17.77
10	87.208	21.36	87.724	19.78	89.473	17.23
审计费用合计	408.271		443.606		519.17	

　　表 6-10 为反事实下大客户市场消费者损失均值，可见损失主要来自受到政策影响的公司。10 年轮换期下该部分消费者剩余损失均值范围为 28.174 万—35.993 万元，而 4 年轮换期下该部分消费者剩余均值损失范围为 31.414 万—38.376 万元；且大客户市场消费者损失均值普遍大于整体市场的损失均值。可见，在大客户市场事务所，同样强制轮换年限越短，消费者剩余损失均值也越大，且大客户市场受影响程度普遍更大，这与前文结果保持一致。表 6-11 为大客户市场消费者剩余损失均值与资产、审计费用的相关系数。由此可见，受政策影响的客户，其公司规模、审计费用均与消费者剩余损失正相关；而当年未受政策影响的客户，其公司规模、审计费用均与消费者剩余损失没有相关性，其损失源于效用函数中不可观测的部分，即残差。结果均与前文保持一致，进一步佐证了本章结论。

表 6-10　　　　　　**大客户市场消费者剩余损失均值**　　　　单位：万元

		2013 年	2014 年	2015 年
4	受政策影响	31.414	34.630	38.376
	未受政策影响	1.920	1.918	1.921
5	受政策影响	32.552	36.459	37.390
	未受政策影响	1.919	1.917	1.920
6	受政策影响	31.965	35.324	37.938
	未受政策影响	1.915	1.919	1.918

续表

		2013 年	2014 年	2015 年
7	受政策影响	30.416	36.022	36.813
	未受政策影响	1.920	1.916	1.916
8	受政策影响	29.604	36.190	36.424
	未受政策影响	1.919	1.919	1.920
9	受政策影响	26.885	36.293	36.491
	未受政策影响	1.920	1.920	1.918
10	受政策影响	28.174	30.947	35.993
	未受政策影响	1.922	1.921	1.920

表 6 – 11　　　大客户市场消费者剩余损失均值与资产、

审计费用相关系数

		2013 年		2014 年		2015 年	
		Ln (Assets)	Ln (Fees)	Ln (Assets)	Ln (Fees)	Ln (Assets)	Ln (Fees)
4	受政策影响	0.449	0.090	0.302	0.011	0.335	0.055
	未受政策影响	0.005	0.008	0.002	0.000	0.026	0.006
5	受政策影响	0.430	0.085	0.377	0.064	0.329	0.043
	未受政策影响	0.006	0.001	0.014	0.007	− 0.019	− 0.009
6	受政策影响	0.408	0.084	0.448	0.110	0.350	0.070
	未受政策影响	0.001	− 0.003	− 0.017	− 0.006	− 0.008	− 0.011
7	受政策影响	0.400	0.096	0.387	0.067	0.579	0.256
	未受政策影响	0.002	− 0.004	− 0.004	− 0.003	− 0.004	− 0.003
8	受政策影响	0.382	0.020	0.467	0.133	0.324	0.037
	未受政策影响	0.010	0.009	0.035	0.028	0.014	0.014
9	受政策影响	0.187	− 0.005	0.525	0.080	0.444	0.136
	未受政策影响	0.012	0.001	0.020	0.011	0.011	0.003
10	受政策影响	0.411	0.061	0.221	0.000	0.432	0.051
	未受政策影响	− 0.013	− 0.016	0.013	0.011	0.020	0.001

第五节　本章小结

本章以 2000—2015 年沪深 A 股上市公司为样本，基于我国审计市场需求模型，定量分析了推广会计师事务所强制轮换政策对消费者剩余的影响，以期为我国监管部门政策制定提供理论参考。一方面，针对我国审计市场结构的独特性，本章拓展研究了不同审计市场结构中，也即在我国将事务所强制轮换政策推广到所有上市公司对消费者剩余的影响，从福利角度补充和完善了我国事务所强制轮换制影响的研究。另一方面，本章从消费者剩余经济含义出发，从审计服务价值及消费者付出成本两方面深入探讨了事务所强制轮换对消费者剩余的影响路径。

事务所与公司的长期合作关系既会"日久生情"，又会"熟能生巧"。事务所强制轮换制虽然能缓解"日久生情"对独立性的损害，但失去了"熟能生巧"形成的专业胜任能力和成本优势。研究发现，事务所强制轮换制给消费者带来的额外成本超过了价值，即失去"熟能生巧"所带来的额外成本大于消除"日久生情"得到的价值。10 年轮换期会导致我国审计市场消费者剩余损失 421.313 百万—423.837 百万元，占当年所有样本公司审计费用之和比重为 17.56%—21.67%；而 4 年轮换期损失范围为 433.910 百万—441.240 百万元，占当年所有样本公司审计费用之和比重为 18.28%—22.32%。该结论在剔除央企的市场、大客户市场上均保持一致。政策的实施会同时给市场消费者带来价值和成本，只有产生的价值大于成本，即政策实施后消费者能获取净价值增量，才符合政府政策实施的初衷。因此，从福利角度本章并不提议我国在所有上市公司中推行事务所层面的轮换，政府考虑充分发挥现有层面的轮换政策以及其他监督机制的作用也许更有利于我国审计市场发展。

第七章

会计师事务所转制与消费者剩余

第一节　研究问题

　　会计师事务所组织形式影响着事务所的风险控制及执业水平，是审计市场良好运行的微观基础，也是审计市场社会福利的保障。因此，恰当的事务所组织形式是各国学者研究的热点，也是监管部门关注的问题（余玉苗和陈波，2002；原红旗和李海建，2003；朱小平和叶友，2003；袁园和刘骏，2005；杨瑞平和吴秋生，2008；Muzatko et al.，2004；Firth et al.，2012；Lennox and Li，2012）。我国财政部和工商总局联合发布《关于推动大中型会计师事务所采用特殊合伙组织形式的暂行规定》（以下简称《暂行规定》），分别要求和鼓励我国大、中型会计师事务所转制为特殊普通合伙制。如表7-1所示，在2013年年底，我国上市公司审计市场事务所已全部完成转制，这为研究事务所不同法律责任对审计市场的影响提供了自然实验，引起了学术界的广泛关注（刘行健和王开田，2014；闫焕民等，2015；张健，2018；Liu et al.，2011）。

　　会计师事务所转制提高了其潜在的法律风险意识和责任，在面

表 7 - 1   会计师事务所改制时间

时间	事件
2010 年 7 月	《关于推动大中型会计师事务所采用特殊普通合伙组织形式的暂行规定》
2011 年年底	立信、瑞华、天健、信永中和、大信、大华、天职国际、致同、华寅五洲等事务所完成转制
2012 年年底	普华永道中天、毕马威华振、安永华明、德勤华永等事务所完成转制
2013 年年底	具有证券资格的事务所均完成转制

临潜在上升的诉讼风险时,审计师会增加努力程度并监督管理层不披露坏消息的行为以避免审计失败带来的惩罚和失去客户(张健等,2016;Defond et al.,2012)。法律责任的变化会导致会计师事务所更加谨慎,学者对事务所转制能提升审计质量已达成共识(刘启亮和陈汉文,2012;刘行健等,2014;Liu et al.,2011),转制对审计费用的影响也有学者尝试解答(李江涛等,2013;闫焕民等;2015)。可见,现有文献往往分别研究转制对审计质量和审计收费的影响,但在审计市场中这两者是紧密相关的。因此从审计市场整体入手,研究事务所转制对审计市场福利的影响,更有利于把握政策效果的全貌。豪斯曼(Jerry A. Hausman)提出社会利益主要由消费者利益决定,而消费者剩余是消费者利益的集中体现,因此,保障消费者剩余是审计市场运行的必然要求(Mankiw,1997;Gerakos and Syverson,2015)。基于此,本章节主要研究在我国推动事务所转制对审计市场消费者剩余的影响,以期解读该政策的经济后果。

第二节　理论分析与研究假设

会计师事务所组织形式是审计市场的微观基础,因而是审计研究领域的重要主题。以往研究分为两种。一是规范研究,如余玉苗和陈波（2002）认为会计师事务所应避免主要资产的投资扭曲问题，应给予事务所自主选择组织形式的权利。杨瑞平和吴秋生（2008）则认为需要规范会计师事务所对组织形式的选择，这样才能建立健全的内部治理结构及机制。朱小平和叶友（2003）从公司内部特征多角度出发，论证会计师事务所应采用合伙制。袁园和刘骏（2005）认为应加强对会计师法律责任的制度约束，取消有限责任制的组织形式。黄洁莉（2010）总结了国内外会计师事务所转制的历程，通过分析认为我国事务所应转制为特殊普通合伙制。二是实证研究，这类研究主要借助制度的改变来探讨事务所组织的作用，国外学者围绕这一主题进行探讨，但主要集中于分析普通合伙制转制为有限责任制，对我国的借鉴意义有限（Muzatko et al.，2004；Lennox and Li，2012）。

自我国会计师事务所脱钩改制后，可选择组织形式为合伙制或有限责任制。基于《中华人民共和国公司法》规定，前者以注册会计师个人财产对事务所承担无限连带责任，而后者以注册会计师出资额为限对事务所承担有限责任。由于合伙制承担的风险较大，事务所普遍选择了有限责任制。但有限责任制弱化了审计师的个人责任，无法有效地约束其执业行为，并不利于审计市场的持续发展。特殊普通合伙制事务所是我国基于普通合伙制与有限责任合伙基础上的制度创新，在有限责任制上加重了法律责任，同时区分了有过失合伙人与无过失合伙人的法律责任，是具有中国特色的组织形式。

随着特殊普通合伙制的兴起，关于该组织形式的研究也逐渐增多，国内外研究主要将该组织形式变化对审计质量和审计费用的影响割裂探讨，鲜有从消费者剩余角度探讨事务所转制的影响，因此不能得出更具一般性的结论。消费者剩余是指购买者愿意为一种物品支付的量减去其为此实际支出的量（Mankiw，1997），即消费者获得的价值减去支付的成本。审计质量体现了消费者购买审计服务获得的价值，审计费用则是消费者为得到审计服务付出的直接成本。因此，本章首先分别梳理事务所转制与审计质量、审计定价的影响，最后落脚于消费者剩余。

一　事务所转制与审计质量

就会计师事务所转制对审计质量的影响，以往学者的研究并没有达成共识。就理论而言，普通合伙制比有限责任制承受的法律风险更大，这会促使审计师保持更高的执业谨慎性和独立性，且无限责任制会使审计师之间相互监督和制约，最终会提高审计质量。Firth 等（2012）研究认为，我国普通合伙制比有限责任制会计师事务所更加谨慎，他们认为有限责任制的法律风险较低，因而审计质量更低。但是，Lennox 和 Li（2012）探讨发现英国事务所从普通合伙制转为有限责任合伙制后，没有发现类似结果。

不过，我国自 2010 年政府推动会计师事务所转制为特殊普通合伙后，这一举措能有效提高审计质量已经成为学者的共识。Liu 等（2011）基于我国数据研究发现，事务所转制为特殊普通合伙制后，由于法律责任上升导致出具非标审计意见的概率也会上升。孔宁宁和李雪（2016）研究发现，转制后审计质量显著提高，刘启亮等（2012）也得出了类似结论。可见，在有限责任制会计师事务所中，审计师只需承担有限责任，会相对淡化对风险的管制，更易产生"搭便车"的问题，这会降低审计质量。会计师事务所转制为特殊普通合伙制后法律责任加重，同时区分了其有过失合伙人与无过失合伙人的法律责任。无过失合伙人以其出资额承担有限责任，但有过失合伙人需要承担无限连带责任。与有限责任制相比，审计师个人的法律风险明显增加，审计师会提高努力程度以确保自己的工作不存在重大过失，这有助于提高独立性和专业胜任能力，从而提高审计质量。因此，从需求方（公司）角度出发，审计质量体现了消费者购买审计服务获得的价值，事务所强制轮换会提高消费者获得的价值。

二　事务所转制与审计定价

审计定价是公司就会计师事务所提供的审计服务而支付的价格。基于 Simunic（1980）的审计定价模型，学者探讨了更多影响审计定价的决定因素，包括公司自身特征及事务所特征等（Francis，1984；DeFond et al.，2000；Abbott et al.，2003）。综合而言，审计定价主要包括三个方面：①审计成本，即事务所为公司提供审计服务而投入的人力和物力等资源。②风险补偿，即事务所因预期潜在的风险要求的费用补偿。③利润部分。

我国学者关于会计师事务所转制对审计定价的影响并未取得共识。沈辉和肖小凤（2013）研究发现会计师事务所转制会提高审计收费，Liu（2011）和张健（2018）也得出类似结论。但也有学者认为事务所转制并不会显著提高公司审计费用（李江涛等，2013；闫焕民等，2015）。基于前文所述，会计师事务所转制后，整体上增强了会计师事务所及审计师面临的法律责任。就理论而言，事务所法律责任的提高会导致审计定价上升。第一，审计师会为了降低因审计失败而造成的诉讼风险，会采用更加谨慎的执业态度，投入更多审计资源，以执行必要的程序和测试，获取充分的审计证据，这些成本最终会以审计定价的提高呈现出来。第二，法律责任和执业风险的提高将导致审计师收取更多的风险溢价，以弥补风险可能带来的损失，促使审计定价上升。Choi 等（2008）通过对比 15 个国家发现，法律风险越高的国家，审计定价越高。第三，声誉与品牌溢价也会推动审计定价上升。会计师事务所转制突破了"有限责任制"的上限，有利于会计师事务所做大做强，有助于会计师事务所的品牌与声誉构建。大型品牌事务所能够获取声誉溢价，溢价能力也更强。但是，在我国审计市场环境中，事务所转制提高审计定价并不具备现实性。闫焕民等（2015）研究发现事务所转制并未普遍增加公司审计费用负担，李江涛等（2013）研究结论也支持这一点。我国审计市场事务所数量较多，公司仍掌握市场的主动权，这种买方市场导致事务所竞争激烈（陈艳萍，2011）。可见，在我国审计市场中，价格优势会成为公司选择事务所的重要因素。事务所不得不在法律责任和竞争压力之间权衡，因而事务所转制为特殊普通合伙制也并不会显著提高审计定价。

综上，以往研究关于事务所转制对审计定价的影响并没有达成共识。从需求方（公司）角度出发，审计定价是消费者购买审计服务付出的直接成本，因而同样难以判断事务所转制对消费者付出成本的影响。

三 事务所转制与消费者剩余

消费者剩余作为消费者利益的集中体现，可作为社会福利的一种具有说服力的衡量标准。因此，当政策制定者制定一种经济制度时，消费者剩余是该制度适合与否的判断标准，能对市场结果的合意性做出规范性判断。具体而言，审计市场上消费者剩余是指所有公司购买审计服务获得的价值减去实际支出的量。基于前文所述，会计师事务所转制提高了审计服务质量，但对审计定价的影响没有定论，难以判断该政策给消费者带来的价值是否超过了增加的成本。基于以上分析，提出如下假设：

H1：在其他因素不变的情况下，会计师事务所转制不会影响审计公司的消费者剩余。

我国各地区法制环境有所差异，不均衡的法律环境可能会影响事务所转制对消费者剩余的影响。闫焕民等（2015）研究发现各地区法制环境的不同，会导致其事务所的法律意识也有所差异。在法制环境健全的地区，事务所转制后会更重视可能的风险。审计市场的运行在很大程度上依赖于制度环境。与市场化程度较低地区相比，市场化程度较高地区的制度环境更为完善，诉讼风险和声誉风险都更高，惩罚机制也更为健全，从而更能促进事务所转制相匹配的法律责任制度的有效执行。但在市场化程度较低地区，虽然事务所转制后承担法律责任增加，但是审计师的违规行为预期承担法律责任的概率较小。这容易引起审计师的机会主义行为。因此，相匹配的制度环境有利于审计师法律责任制度的落实，事务所转制的实施效果也更显著。基于以上分析，提出如下假设：

H2：在其他因素不变的情况下，针对法制环境健全地区，会计师事务所转制会显著影响审计公司的消费者剩余，法制环境较弱地区则相对不明显。

除外部法制环境之外，内部客户经营风险的差异也是影响会计师事务所转制效果的重要因素。近年来，随着风险导向审计在会计师事务所的内部推行，关注客户的经营风险成为会计师事务所的重点工作范畴，也成为控制财务报表风险的最重要手段（谢荣和吴建友，2004）。事务所转制最直接的影响是其法律责任的增加，而客户经营风险极易转化为财务报表错报的风险（谢荣和吴建友，2004），甚至威胁公司的持续经营，成为法律责任的重要来源。

具体而言，因为高经营风险客户出现审计失败和潜在诉讼的概率更大（Simunic，1980；Gul and Tsui，1997），所以对于高经营风险客户，会计师事务所转制后法律责任的增加，会促使其更重视该客户。会计师事务所会对公司经营风险进行评估，对高经营风险客户投入更多审计资源，保证必要审计程序的执行，这样能从总体上控制审计风险，降低可能的法律风险。相比之下，低经营风险的客户因审计失败遭到诉讼的概率较低。此外，评估经营风险对审计师的风险分析和判断能力均要求较高（徐伟，2004），这也影响了审计成本及审计质量。闫焕民等（2015）研究认为，高风险客户的审计费用率在转制后显著上升，低风险客户则不存在上述变化。张健（2018）也发现公司间不同经营风险对审计质量和审计费用的影响具有差异性。可见，公司经营风险的差异性会影响事务所转制的实施效果。基于以上分析，提出如下假设：

H3：在其他因素不变的情况下，事务所转制会显著影响高风险客户的消费者剩余，这一效应在低风险客户则相对不明显。

第三节　研究设计与样本选择

一　样本选择与数据来源

本章以 2000—2015 年为样本区间，选取沪深交易所 A 股上市公司作为初始样本，数据来源、样本选择、筛选和处理程序与第四章一致。本章借鉴 Firth 等（2012），以公司年报审计报告的事务所落款名称来识别并定义事务所的组织形式，这和我国学者研究中以时间点来区分事务所组织形式的方法不同（原红旗和李海建，2003；李江涛等，2013），本章得到的数据更为真实可靠。同样通过中国注册会计师协会网站及各事务所官网手工收集整理事务所合并信息，以及"四大"总部及分所所在地、成立时间等信息，其他财务数据来源于 CSMAR 数据库、WIND 数据库以及 CCER 数据库。剔除金融、保险类、ST、* ST 股及财务数据缺失的公司样本，本章最终得到 18479 个样本。在进行回归检验时，由于制造业公司数量众多，制造业行业代码保留 2 位，其余行业代码保留 1 位。为避免极值所产生影响，对所有连续变量上下 1% 的极值进行缩尾处理（Winsorize）。

二 研究设计

为检验假设，本章以第四章所述审计需求模型估计的偏好系数，以及公司特征、事务所特征以及公司事务所关系特征的数据，计算公司的审计服务效用值为因变量 U_{ijt}。以 Firth 等（2012）的研究以及前文第四章所述审计需求模型为基础，采用式（7-1）检验事务所转制前后对消费者剩余的影响，并在公司层面对标准误进行 Cluster 处理。主要解释变量 LLP 表示事务所是否转制，LLP 的系数 φ_1 表示事务所转制对消费者剩余的影响。如果 φ_1 显著为正，说明在其他因素不变情况下，会计师事务所转制会提高审计公司的消费者剩余。

$$U_{ijt} = \varphi_0 + \varphi_1 LLP + \varphi_2 X_{ijt} + \varphi_3 \chi_{it} - \varphi_4 \ln(Fees_{ijt}) + \varepsilon_{ijt} \qquad (7-1)$$

为了缓解内生性问题的干扰，如消费者剩余高的公司更可能选择转制的事务所，而选择转制的事务所的公司的消费者剩余自然更大，我们参考 Bertran 和 Mullainathan（2003）提出的跨期动态效应模型，在式（7-1）的基础上进一步采用式（7-2）进行检验。

$$U_{ijt} = \varphi_0 + \varphi_1 LLP_{ijt}^{-1} + \varphi_1 LLP_{ijt}^{0} + \varphi_1 LLP_{ijt}^{1} + \varphi_1 LLP_{ijt}^{2+} + \varphi_2 X_{ijt} +$$

$$\varphi_3 \chi_{ijt} - \varphi_4 \ln(Fees_{ijt}) + \gamma_{ijt} \qquad (7-2)$$

其中，LLP_{it}^{-1} 为哑变量，事务所转制前一个年度取 1，否则取 0。LLP_{it}^{0} 为哑变量，事务所转制当年取 1，否则取 0。LLP_{it}^{1} 为哑变量，事务所转制后一年取 1，否则取 0。LLP_{it}^{2+} 为哑变量，事务所转制第二年及以后年度取 1，否则取 0。式（7-1）和式（7-2）控制变量相同，且都与审计需求的模型中效用模型相同。X_{ijt} 为事务所特征，包括"四大"是否为行业领导者以及"四大"是否有行业专长。δ_k 为"四大"各自的虚拟变量，β_{1k} 是所有客户选择事务所 k 的平均效用。χ_{it} 包括公司规模 [Ln(Assets)]、业务复杂度 [Ln(Segments)]、主营业务收入增长率（Growth）、流动比率（Current）、经营现金流量营收比（Roc）、地理位置（Location）、是否亏损（Loss）、是否为国企（National）、是否为前任事务所（Not Prior Clients）等。变量具体定义见表 7-2。

表 7-2 变量定义

变量名称	符号	定义
消费者剩余	U	公司购买事务所审计产品所获得的净效用值即消费者剩余，所有上市公司选择购买审计产品所得净效用值之和为消费者总剩余
审计费用	$Ln(Fees)$	审计费用的对数（单位：万元）
会计师事务所组织形式	LLP	事务所转制为特殊普通合伙制之前取 0，转制为特殊普通合伙制当年及之后取 1
法制环境指数	$Legal1$	根据王小鲁、樊纲等（2016）发布的《中国分市场化指数报告》中"市场中介组织的发育与法律制度环境"指数，将各省、直辖市及自治区按 2008—2014 年的法律制度环境指数的均值进行排序，法制环境指数排名高于中位数取 1，否则取 0
	$Legal2$	根据王小鲁、樊纲等（2016）发布的《中国分市场化指数报告》中"各地区市场化指数"指数，将各省、自治区及直辖市按 2008—2014 年的法律制度环境指数的均值进行排序，法制环境指数排名高于中位数取 1，否则取 0

续表

变量名称	符号	定义
经营风险	*Beta*	根据公司年度贝塔系数划分,公司年度贝塔系数高于中位数取1,否则取0
	Recl – ration	根据应收账款、应收票据和其他应收款在总资产中的比例进行划分,比例值高于中位数取1,否则取0
公司规模	Ln(*Assets*)	年末总资产的自然对数(单位:万元)
业务复杂度	Ln(*Segments*)	公司经营范围涉及行业数的对数
海外销售率	*Foreign Sales*	海外销售额占总销售额的比重
总资产报酬率	*Roa*	净利润占总资产余额的比重
库存和应收账款与总资产比率	*InvRec*	库存和应收账款之和占总资产比重
流动比率	*Current*	流动资产与流动负债的比值
经营现金流量营收比	*Roc*	经营活动现金净流量与营业收入比值
资产负债率	*Debt*	年末总负债占总资产的比重
主营业务收入增长率	*Growth*	当年主营业务收入比上一年的增长率
是否换所	*Not Prior Clients*	未由上一年事务所审计取值为1,否则取值0
是否国企	*National*	国企取值为1,非国企取值为0
当地是否有分所	*MSA*	"四大"在公司注册地已有分所取值为1,否则取值为0,以省、自治区、直辖市为单位
地理位置	*Location*	由于"四大"总部在北京或上海,公司注册地在北京或上海取值为1,否则取值为0
是否亏损	*Loss*	亏损取值1,否则取值为0
行业领导	*Ind_Lead*	"四大"在该行业有最高的资产市场份额取值为1,否则取值为0
行业专长	*Ind_Spec*	"四大"在该行业审计费用市场份额超过30%取值为1,否则取值为0

第四节　实证检验

一　描述性统计

表 7-3 为样本的描述统计结果。其中，特殊普通合伙制形式事务所审计的公司约占 45.9%，审计费用［Ln（Fees）］均值为 4.119，与中位数 4.060 基本相等，表明该数据呈正态分布。特殊普通合伙制形式事务所审计的样本占比约为 45.9%，位于法制环境较好地区的公司比重较高，约占 79.8% 和 79.3%。公司特征变量中公司规模［Ln（Assets）］、业务复杂度［Ln（Segments）］、资产负债率（Debt）、总资产报酬率（Roa）、库存和应收账款与总资产比率（InvRec）、经营现金流量营收比（Roc）的均值与中位数也基本持平，表明这些数据呈正态分布。海外销售率（Foreign Sales）均值（0.101）略大于中位数（0.000），流动比率（Current）均值（2.119）略大于中位数（1.419），主营业务收入增长率（Growth）均值（0.209）略大于中位数（0.116），数据分布均略呈右偏。国企（National）占比 52.7%，而亏损（Loss）的样本比率为 10.5%。

表 7-3　　　　　　　　　　　描述性统计

Variable	N	P25	P50	Mean	P75	SD
LLP	18479	0.000	0.000	0.459	1.000	0.498
Ln（Fees）	18479	3.689	4.060	4.119	4.443	0.617
Ln（Assets）	18479	11.657	12.387	12.518	13.218	1.229
Ln（Segments）	18479	0.000	0.693	0.630	1.099	0.632
Foreign Sales	18479	0.000	0.000	0.101	0.114	0.190
Debt	18479	0.302	0.465	0.469	0.622	0.230
Roa	18479	0.012	0.033	0.034	0.061	0.063

续表

Variable	N	P25	P50	Mean	P75	SD
InvRec	18479	0. 144	0. 251	0. 275	0. 377	0. 176
Current	18479	0. 981	1. 419	2. 119	2. 248	2. 313
Roc	18479	0. 006	0. 074	0. 079	0. 166	0. 239
Growth	18479	− 0. 031	0. 116	0. 209	0. 289	0. 572
MSA	18479	0. 000	0. 000	0. 023	0. 000	0. 149
Location	18479	0. 000	0. 000	0. 167	0. 000	0. 373
National	18479	0. 000	0. 000	0. 527	0. 000	0. 499
Loss	18479	0. 000	0. 000	0. 105	0. 000	0. 306
Not Prior Clients	18479	0. 000	0. 000	0. 120	0. 000	0. 325
Ind_Lead	18479	0. 000	0. 000	0. 025	0. 000	0. 156
Ind_Spec	18479	0. 000	0. 000	0. 014	0. 000	0. 116
*Legal*1	18304	1. 000	1. 000	0. 798	1. 000	0. 402
*Legal*2	18304	1. 000	1. 000	0. 793	1. 000	0. 405
Beta	16732	0. 000	0. 000	0. 499	1. 000	0. 500
Recl − ration	18408	0. 000	0. 000	0. 495	1. 000	0. 500

二 多元回归分析

表7－4第（1）列为基于式（7－1）的会计师事务所转制对消费者剩余影响的回归结果。研究表明，自变量 *LLP* 的系数显著为正，表明会计师事务所转制会对消费者剩余有正向影响，推翻了假设 H1。表7－4第（2）列为基于式（7－2）的会计师事务所转制对消费者剩余影响的回归结果。研究表明，LLP^0、LLP^1、LLP^{2+} 系数均显著为正，说明在事务所转制之前，消费者剩余并没有显著变化，在事务所转制当年，消费者剩余大幅上升。这表明事务所转制给事务所带来法律压力，促使事务所提高审计质量，最终提高了审计市场消费者剩余。在事务所转制后第一年、第二年及以后年度，消费者剩余依然显著上升，这说明会计师事务所转制对消费者剩余存在滞后影响，给审计市场带来的影响是深远的。综上所述，在事务所转制后，鉴于事务所法律责任的变化，审计市场消费者剩余得

以上升，有利于审计市场的持续健康发展。

表 7 - 4　　　　　　　　　　事务所转制与消费者剩余

	（1）	（2）
LLP	0. 057 ***	
	（2. 84）	
LLP^{-1}		0. 003
		（0. 14）
LLP^{0}		0. 109 ***
		（4. 94）
LLP^{1}		0. 078 ***
		（3. 14）
LLP^{2+}		0. 103 ***
		（3. 69）
Ln(*Fees*)	- 0. 230 ***	- 0. 229 ***
	（ - 7. 15）	（ - 7. 15）
Ind_Lead	- 1. 193 ***	- 1. 189 ***
	（ - 8. 21）	（ - 8. 17）
Ind_Spec	0. 417 **	0. 420 **
	（2. 13）	（2. 15）
Ln(*Assets*)	- 0. 355 ***	- 0. 355 ***
	（ - 30. 18）	（ - 30. 21）
Ln(*Segments*)	- 0. 042 ***	- 0. 042 ***
	（ - 2. 89）	（ - 2. 85）
National	0. 129 ***	0. 130 ***
	（7. 38）	（7. 41）
Not Piror Client	- 0. 463 ***	- 0. 466 ***
	（ - 11. 88）	（ - 11. 87）
Loss	- 0. 020	- 0. 019
	（ - 1. 12）	（ - 1. 06）
Growth	0. 035 ***	0. 035 ***
	（4. 85）	（4. 86）

	（1）	（2）
Current	0.004	0.004
	（1.48）	（1.42）
Location	-0.000	-0.002
	（-0.01）	（-0.07）
Roc	-0.018	-0.017
	（-0.67）	（-0.63）
Constant	0.343***	0.342***
	（3.37）	（3.37）
Industry	YES	YES
Year	YES	YES
N	18479	18479
Adjust R^2	0.476	0.476

注：括号中的数字为双尾检验的 t 值，其中标准误差经过公司群聚效应调整。***、
** 和 * 分别表示 1%、5% 和 10% 的显著性水平，下同。

三 进一步分析

（一）法制环境、会计师事务所转制与消费者剩余

为研究不同法制环境下，事务所转制对消费者剩余的影响的差异性，本章选用王小鲁、樊纲（2016）编制的中介组织发育和法律指数（Legal1）与各地区市场化指数（Legal2）两个标准划分并进行分组检验。具体划分方法为：将各省、自治区及直辖市按 2008—2014 年的法律制度环境指数的均值进行排序，法制环境指数排名高于中位数取 1（Legal1 = 1，Legal2 = 1），否则取 0（Legal1 = 0，Legal2 = 0），具体变量定义见表 7 - 2。

我国各地区法制环境存在较大差异，这种外部制度环境的差异性会影响事务所转制对消费者剩余的提升效果。表 7 - 5 中第（1）列、第（3）列，LLP 的系数均显著为正，第（2）列、第（4）列，LLP 的系数也为正，但不显著。这表明在法制建设水平较高地区，会计师事务所转制对提高消费者剩余影响更为显著，但在法制建设

水平较低的地区，也存在这一效果但尚不明显，这验证了假设 H2。各地区法制环境会影响审计师的法律责任意识以及承担诉讼风险的可能性，因而不同地区的法制环境会影响事务所转制效果。在法制建设水平较高地区，事务所转制导致法律责任强化，审计师为避免承担法律责任和声誉损失，提高努力程度的动机更强，提升审计质量并提高消费者剩余的效果也更明显。

表 7 – 5 　　　　法制环境、会计师事务所转制与消费者剩余

	（1）	（2）	（3）	（4）
	$Legal1 = 1$	$Legal1 = 0$	$Legal2 = 1$	$Legal2 = 0$
LLP	0. 067 ***	0. 021	0. 061 ***	0. 049
	(3. 05)	(0. 43)	(2. 80)	(0. 94)
Ln(Fees)	− 0. 249 ***	− 0. 173 ***	− 0. 243 ***	− 0. 205 ***
	(− 6. 79)	(− 2. 85)	(− 6. 55)	(− 3. 07)
Ind_Lead	− 1. 183 ***	− 0. 913	− 1. 212 ***	− 0. 255
	(− 7. 68)	(− 1. 54)	(− 7. 90)	(− 0. 37)
Ind_Spec	0. 488 **	0. 021	0. 509 ***	− 0. 475
	(2. 48)	(0. 03)	(2. 59)	(− 0. 77)
Ln(Assets)	− 0. 347 ***	− 0. 373 ***	− 0. 353 ***	− 0. 355 ***
	(− 24. 14)	(− 26. 80)	(− 24. 42)	(− 22. 30)
Ln(Segments)	− 0. 042 **	− 0. 075 ***	− 0. 041 **	− 0. 061 **
	(− 2. 50)	(− 2. 67)	(− 2. 39)	(− 2. 34)
National	0. 124 ***	0. 146 ***	0. 126 ***	0. 135 ***
	(6. 12)	(4. 45)	(6. 06)	(4. 36)
Not Piror Client	− 0. 535 ***	− 0. 201 ***	− 0. 548 ***	− 0. 178 ***
	(− 10. 96)	(− 3. 78)	(− 11. 12)	(− 3. 59)
Loss	− 0. 023	− 0. 024	− 0. 020	− 0. 027
	(− 1. 06)	(− 0. 82)	(− 0. 87)	(− 1. 07)
Growth	0. 037 ***	0. 028 *	0. 040 ***	0. 013
	(4. 36)	(1. 83)	(4. 51)	(1. 15)

续表

	（1）	（2）	（3）	（4）
	Legal1 = 1	Legal1 = 0	Legal2 = 1	Legal2 = 0
Current	0.003	0.006	0.002	0.006
	（0.99）	（1.19）	（0.78）	（1.57）
Location	−0.002		0.006	
	（−0.08）		（0.21）	
Roc	−0.027	0.029	−0.028	0.030
	（−0.85）	（0.75）	（−0.83）	（1.06）
Constant	0.382***	0.209	0.372***	0.282*
	（3.02）	（1.23）	（2.94）	（1.88）
Industry	YES	YES	YES	YES
Year	YES	YES	YES	YES
N	14606	3698	14509	3795
Adjust R^2	0.478	0.499	0.472	0.543

（二）经营风险、会计师事务所转制与消费者剩余

现有文献对经营风险的衡量指标主要有应收款比率（李涛，2005）和贝塔值（陈莉、张卓，2005；张敏和黄继承，2009；Montgomery and Singh，1984；Barton，1988；Adaptation，1988）。本章采用应收款比率（Reclrate）和 Beta 值（Beta）代表公司经营风险。贝塔值为公司风险变量，用年度贝塔系数衡量，该指标值越大，表示公司风险越大。应收款比率为应收账款、应收票据和其他应收款在总资产中的比率。应收项目比率越高，未来难以收回可能性越大，经营风险越高。此外，应收款比率还可能反映公司操控利润的程度（Jian and Wong，2003），这也增加了经营风险。

为验证公司不同经营风险对会计师事务所转制效果带来的差异性，我们选用公司 Beta 值及应收款比率两个标准以区分经营风险高的公司（Beta = 1，Recl − ration = 1）和经营风险低的公司（Beta = 0，Recl − ration = 0），并进行分组检验。具体划分方法为：年度贝塔值高于中位数取值 1，否则取值 0；应收款比率高于中位数取值 1，否

则取值 0。分组回归结果如表 7-6 所示，第（1）列、第（3）列，
LLP 的系数均显著为正，第（2）列、第（4）列，*LLP* 的系数也为正，
但不显著。这表明，对经营风险较高的公司而言，会计师事务所转
制对提高其消费者剩余更为明显。对经营风险较低的公司而言，也
存在这一效果但尚不明显，这与假设 H3 相符。高经营风险的客户
由于出现审计失败和潜在诉讼的概率更大，因此，会计师事务所转
制后会更为重视这部分客户以降低法律风险。审计师有更多动机去
提高努力水平，提升审计质量导致对消费者剩余的影响也更明显。

表 7-6　　　　经营风险、会计师事务所转制与消费者剩余

	（1）	（2）	（3）	（4）
	Beta = 1	Beta = 0	Recl - ration = 1	Recl - ration = 0
LLP	0.082 **	0.041	0.077 ***	0.042
	(2.56)	(1.41)	(2.74)	(1.56)
Ln(Fees)	-0.234 ***	-0.258 ***	-0.193 ***	-0.253 ***
	(-6.01)	(-6.29)	(-5.15)	(-5.73)
Ind_Lead	-1.240 ***	-1.152 ***	-1.755 ***	-0.806 ***
	(-5.96)	(-7.19)	(-9.51)	(-4.46)
Ind_Spec	0.134	0.633 ***	0.398	0.231
	(0.49)	(3.02)	(1.12)	(1.07)
Ln(Assets)	-0.348 ***	-0.346 ***	-0.369 ***	-0.343 ***
	(-21.76)	(-22.27)	(-26.27)	(-21.71)
Ln(Segments)	-0.031 *	-0.056 ***	-0.033 *	-0.045 **
	(-1.69)	(-2.69)	(-1.82)	(-2.48)
National	0.133 ***	0.135 ***	0.107 ***	0.157 ***
	(6.09)	(5.86)	(4.95)	(6.76)
Not Piror Client	-0.522 ***	-0.480 ***	-0.419 ***	-0.490 ***
	(-9.41)	(-8.70)	(-8.15)	(-9.14)
Loss	-0.022	-0.014	-0.007	-0.061 **
	(-0.79)	(-0.60)	(-0.36)	(-2.28)

续表

	（1）	（2）	（3）	（4）
	$Beta = 1$	$Beta = 0$	$Recl - ration = 1$	$Recl - ration = 0$
Growth	0.034 ***	0.037 ***	0.019 *	0.044 ***
	(2.59)	(3.66)	(1.94)	(4.32)
Current	0.006	0.006	0.006	0.003
	(1.34)	(1.36)	(1.55)	(0.90)
Location	−0.018	0.027	−0.025	0.044
	(−0.53)	(0.68)	(−0.78)	(1.23)
Roc	0.029	−0.069 **	−0.052 *	−0.006
	(0.72)	(−2.03)	(−1.75)	(−0.18)
Constant	0.242 *	0.399 ***	0.445 ***	0.226 *
	(1.79)	(2.99)	(3.40)	(1.65)
Industry	YES	YES	YES	YES
Year	YES	YES	YES	YES
N	8347	8385	9116	9292
Adjust R^2	0.435	0.500	0.485	0.475

四　稳健性检验

为检验本章结论的稳健性，本章进行了以下3个检验。

（一）排除样本选择偏误造成的干扰

由于会计师事务所转制前后可能出现审计客户相关特征发生变化，并对研究结果造成干扰。目前所有具备上市公司审计资格的事务所已全部转制为特殊普通合伙制，即不存在未转制的事务所作为对照组样本进行研究，故不适用双重差分方法解决此问题。因此，本章只保留样本中事务所转制前一年度和转制完成当年审计的同一批客户公司，尽可能避免前后客户自身特征变化导致样本选择偏误及其产生的干扰。研究结果如表7-7中第（1）列至第（4）列所示，可见无论是主回归结果还是分组检验结果均与前文一致，研究结论基本保持稳健性。

表 7 - 7 稳健性检验（一）

	(1) 总样本	(2) Legal1 = 1	(3) Legal1 = 0	(3) Legal2 = 1	(4) Legal2 = 0	(4) Beta = 1	(5) Beta = 0	(5) Placebo test
LLP	0.044 **	0.042 *	0.046	0.049 **	0.016	0.083 ***	0.003	0.012
	(2.07)	(1.86)	(0.83)	(2.02)	(0.38)	(2.62)	(0.09)	(0.75)
Ln（Fees）	-0.248 ***	-0.269 ***	-0.181 **	-0.271 ***	-0.190 **	-0.253 ***	-0.260 ***	-0.229 ***
	(-6.02)	(-5.81)	(-2.37)	(-5.68)	(-2.58)	(-5.09)	(-5.36)	(-7.13)
Ind_Lead	-0.643 ***	-0.716 ***	0.650	-0.704 ***	-0.122	-0.554 ***	-0.703 ***	-1.194 ***
	(-3.60)	(-4.10)	(0.74)	(-3.81)	(-0.24)	(-2.07)	(-3.75)	(-8.22)
Ind_Spec	0.301	0.307	-0.293	0.393	-0.295	0.153	0.410	0.415 **
	(1.28)	(1.34)	(-0.40)	(1.55)	(-0.58)	(0.47)	(1.76)	(2.13)
Ln（Assets）	-0.352 ***	-0.349 ***	-0.348 ***	-0.345 ***	-0.362 ***	-0.340 ***	-0.349 ***	-0.355 ***
	(-24.15)	(-20.06)	(-14.25)	(-19.59)	(-14.72)	(-17.80)	(-19.26)	(-30.17)
Ln（Segments）	-0.040 **	-0.028	-0.109 ***	-0.034	-0.076 **	-0.038 *	-0.045 *	-0.043 ***
	(-2.28)	(-1.42)	(-3.19)	(-1.61)	(-2.42)	(-1.83)	(-1.95)	(-2.90)
National	0.138 ***	0.140 ***	0.081 **	0.143 ***	0.086 ***	0.130 ***	0.150 ***	0.130 ***
	(6.36)	(5.56)	(2.49)	(5.41)	(3.44)	(5.29)	(5.30)	(7.36)
Not Piror Client	-0.497 ***	-0.630 ***	-0.163 **	-0.608 ***	-0.194 **	-0.475 ***	-0.548 ***	-0.462 ***
	(-7.99)	(-7.58)	(-2.32)	(-7.48)	(-2.52)	(-5.40)	(-6.25)	(-11.88)

续表

	(1)	(2)		(3)		(4)		(5)
	总样本	Legal1 = 1	Legal1 = 0	Legal2 = 1	Legal2 = 0	Beta = 1	Beta = 0	Placebo test
Loss	−0.038*	−0.052*	0.003	−0.045	−0.029	−0.048	−0.019	−0.020
	(−1.76)	(−1.91)	(0.10)	(−1.63)	(−0.87)	(−1.58)	(−0.68)	(−1.10)
Growth	0.023***	0.025**	0.030	0.019*	0.035*	0.033**	0.024*	0.035***
	(2.59)	(2.39)	(1.42)	(1.80)	(1.87)	(2.57)	(1.82)	(4.82)
Current	0.009***	0.009**	0.006	0.009**	0.004	0.011**	0.009	0.004
	(2.63)	(2.41)	(0.72)	(2.32)	(0.73)	(2.40)	(1.31)	(1.49)
Location	−0.037	−0.036		−0.046		−0.036	−0.045	−0.000
	(−0.97)	(−0.96)		(−1.20)		(−0.83)	(−0.86)	(−0.01)
Roc	−0.045	−0.075*	0.051	−0.072*	0.037	−0.013	−0.082*	−0.018
	(−1.34)	(−1.91)	(0.94)	(−1.82)	(0.69)	(−0.31)	(−1.80)	(−0.68)
Constant	0.374***	0.487***	−0.182	0.446***	0.118	0.211	0.445***	0.342***
	(3.15)	(3.37)	(−0.65)	(3.11)	(0.51)	(1.40)	(2.75)	(3.36)
Industry	YES	YES	YES	YES	YES	YES	YES	YES
Year	YES	YES	YES	YES	YES	YES	YES	YES
N	10677	8604	2018	8273	2349	5056	5056	18479
Adjust R^2	0.536	0.548	0.562	0.537	0.578	0.509	0.547	0.476

注：括号中的数字为双尾检验的 t 值，其中标准误差经过公司群聚效应调整。***，** 和 * 分别表示 1%，5% 和 10% 的显著性水平。

（二）安慰剂检验

我们进一步做了安慰剂检验（Placebo test），其基本思想是：通过随机改变会计师事务所转制年度来重新构建一个新的面板数据（由于会计师事务所并没有在随机改变的年度转制，因此称为"安慰剂检验"）。如果前文中消费者剩余的上升不是随着会计师事务所转制而增加，那么在新结果中依然能看到类似效应。相反，如果没有出现类似效应，便可以判断会计师事务所转制对消费者剩余影响的真实存在性。Placebo test 检验结果如表 7 - 7 中第（5）列所示，可见新结果并不显著（t = 0.75），这说明在人为改变了会计师事务所转制年度之后，其效应不复存在，消费者剩余并没有出现显著的上升，这增强了表 7 - 4 结果的稳健性。

（三）剔除合并与改制年份重合数据

我国事务所近年来出现一些合并行为，事务所合并带来的规模扩大和品牌效应同样会影响消费者剩余。如果会计师事务所同时发生了合并与改制，则很难区分消费者剩余的上升是合并效应还是转制效应，这会对本章研究结论造成干扰。因此，需要注意会计师事务所是否同时存在合并行为。本章统计了会计师事务所的合并行为，并与会计师事务所转制交叉对比，发现：立信大华所和天健正信各分所的合并、立信大华所和中淮所的合并以及京都天华所与天健正信所的合并可能与事务所转制发生时间窗口重合或近似。因此，本章剔除了同时发生这部分样本观测值，研究结果如表 7 - 8 所示，可见无论是主回归结果还是分组检验结果均与前文一致，研究结论保持稳健性。

第五节　本章小结

本章以 2000—2015 年沪深 A 股上市公司为样本，利用我国会计师事务所转制所提供的自然实验为契机，定量研究会计师事务所

表7-8　稳健性检验（二）

	总样本	(1)		(2)		Beta=1	Beta=0	(3)	
		Legal1=1	Legal1=0	Legal2=1	Legal2=0			Recl-ration=1	Recl-ration=0
LLP	0.060***	0.071***	0.019	0.068***	0.025	0.085***	0.045	0.080***	0.043
	(2.97)	(3.20)	(0.40)	(2.92)	(0.60)	(2.65)	(1.55)	(2.76)	(1.58)
Ln(Fees)	-0.235***	-0.256***	-0.173***	-0.253***	-0.208***	-0.241***	-0.263***	-0.189***	-0.273***
	(-7.08)	(-6.74)	(-2.85)	(-6.48)	(-3.63)	(-5.99)	(-6.22)	(-4.92)	(-6.10)
Ind_Lead	-1.182***	-1.172***	-0.907	-1.179***	-0.982**	-1.228***	-1.143***	-1.707***	-0.881***
	(-8.13)	(-7.61)	(-1.53)	(-7.47)	(-2.26)	(-5.91)	(-7.12)	(-8.37)	(-5.41)
Ind_Spec	0.420**	0.493**	0.021	0.536**	-0.143	0.138	0.638***	0.182	0.395**
	(2.16)	(2.51)	(0.03)	(2.58)	(-0.31)	(0.50)	(3.04)	(0.45)	(2.02)
Ln(Assets)	-0.354***	-0.345***	-0.373***	-0.342***	-0.380***	-0.347***	-0.345***	-0.377***	-0.335***
	(-29.05)	(-23.16)	(-26.16)	(-22.79)	(-26.06)	(-20.97)	(-21.33)	(-25.63)	(-19.73)
Ln(Segments)	-0.042***	-0.040**	-0.080***	-0.046**	-0.056**	-0.029	-0.056***	-0.020	-0.054**
	(-2.75)	(-2.35)	(-2.69)	(-2.58)	(-2.19)	(-1.56)	(-2.58)	(-1.13)	(-2.55)
National	0.132***	0.128***	0.141***	0.130***	0.142***	0.137***	0.138***	0.136***	0.136***
	(7.28)	(6.05)	(4.41)	(5.98)	(5.07)	(6.08)	(5.74)	(6.15)	(5.63)
Not Prior Client	-0.484***	-0.565***	-0.196***	-0.547***	-0.252***	-0.545***	-0.503***	-0.461***	-0.502***
	(-11.87)	(-11.02)	(-3.65)	(-10.81)	(-4.14)	(-9.48)	(-8.65)	(-8.63)	(-9.05)

续表

	总样本	(1) Legal1=1	Legal1=0	(2) Legal2=1	Legal2=0	Beta=1	Beta=0	(3) Recl-ration=1	Recl-ration=0
Loss	-0.018 (-0.96)	-0.023 (-1.02)	-0.014 (-0.48)	-0.022 (-0.95)	-0.015 (-0.53)	-0.024 (-0.81)	-0.008 (-0.32)	0.001 (0.06)	-0.048* (-1.68)
Growth	0.037*** (4.81)	0.039*** (4.37)	0.028* (1.81)	0.034*** (3.77)	0.043*** (2.81)	0.035*** (2.58)	0.039*** (3.63)	0.035*** (3.41)	0.035*** (3.21)
Current	0.003 (1.26)	0.002 (0.78)	0.005 (1.00)	0.003 (0.86)	0.004 (0.87)	0.005 (1.15)	0.005 (1.20)	0.005 (1.50)	0.003 (0.80)
Location	0.000 (0.00)	-0.002 (-0.07)		-0.010 (-0.34)		-0.017 (-0.48)	0.027 (0.66)	-0.032 (-1.01)	0.038 (0.93)
Roc	-0.018 (-0.64)	-0.031 (-0.91)	0.041 (1.08)	-0.034 (-1.00)	0.052 (1.32)	0.035 (0.84)	-0.076** (-2.10)	-0.069* (-1.91)	-0.010 (-0.27)
Constant	0.356*** (3.37)	0.393*** (3.00)	0.206 (1.15)	0.362*** (2.83)	0.412** (2.29)	0.255* (1.82)	0.412*** (2.98)	0.488*** (3.29)	0.216 (1.47)
Industry	YES	YES	YES	YES	YES	YES	YES	YES	YES
Year	YES	YES	YES	YES	YES	YES	YES	YES	YES
N	17738	14069	3500	13625	3944	7992	8026	8806	8932
Adjust R^2	0.472	0.475	0.496	0.473	0.494	0.432	0.496	0.459	0.477

转制为特殊普通合伙制后对消费者剩余的影响，并结合我国各地不均衡的法制环境及公司间不同的经营风险进一步分析，以期为事务所治理相关政策的持续实施及后续完善提供经验证据与理论参考。研究发现：①会计师事务所转制后，审计市场消费者剩余显著上升，即会计师事务所转制给审计市场带来的价值大于成本，有利于审计市场的良好运行。②与法制环境较弱地区相比，转制在法制环境较健全地区对消费者剩余的提高效果更显著。③与经营风险较低的公司相比，转制对经营风险较高公司的消费者剩余的提高效果更显著。

本章的研究结论对实现审计市场有序发展有重要启示：①特殊普通合伙制适合于我国的制度环境，有利于审计市场福利，且对于经营风险较高的公司效果更好。这一组织形式既有利于会计师事务所做大做强和长期发展，又有利于提高审计师的执业谨慎性和独立性，更好地发挥审计功能以缓解资本市场的信息不对称问题。②会计师事务所转制带来的福利增加在法制环境好的地区更为显著，这意味着配套法律制度的不健全及执行力度的差异将阻碍转制经济效果的发挥，未来监管部门可促进法制环境的进一步健全。

第八章

研究结论、局限及政策建议

第一节　研究结论

作为资本市场的重要中介服务市场，审计市场通过引导审计资源在不同经济主体之间合理配置，以实现审计市场福利最大化。审计市场的特殊性决定了其不能完全依靠市场力量实现社会福利最大化，政府的干预与管制是我国审计市场不断优化的重要推动力量。与美国为代表的西方成熟审计市场不同，我国审计市场起步较晚，政府可借鉴美国审计市场相关政策以优化审计市场。但是，我国目前审计市场结构和竞争态势与美国有较大区别，这决定了我国政府相关政策的制定与实施需要结合自身特征，不能生搬硬套美国审计市场。

我国政府对审计市场的政策处于初步探索之中，本书选用离散选择模型构建审计需求模型，实现从福利角度量化研究我国审计市场，并探讨我国政府近年来主要政策的经济效果。政策的实施会同时给市场消费者带来价值和成本，只有产生的价值大于成本，即政策实施后消费者能获取净价值增量，才符合政府政策实施的初衷。首先，研究"四大"之一退出审计市场对消费者剩余的影响，为探讨审计市场竞争变化的影响提供了新的视角。其次，探讨了在我国进一步推广实施会计师事务所强制轮换政策对消费者剩余的影响，为监管部门政策实施提供了理论参考。最后，以我国政府推动会计师事务所转制所提供的自然实验为研究契机，从福利角度探讨了会计师事务所转制这项政策的效果。

本书主要结论如下：

首先，通过分析发现，我国形成了高度集中与激烈竞争共存的审计市场结构，这种独特的市场结构导致审计市场形成供需不平衡的割裂化状态，造成审计市场福利损失。本书构建了一个适用于中国审计市场的需求模型，实现从福利角度探讨我国审计市场，以期为监管部门及社会公众理解并分析审计市场福利提供参考模型，同时为后续探讨我国政府近年来主要政策的效果提供基础。研究表明：①该模型能定量研究公司对事务所的偏好选择。具体而言，模型能够依据公司特征（如资产、财务情况、业务复杂度等）以及事务所特征（如声誉、费用等），预测其如何影响公司对事务所的选择。②公司对事务所存在偏好异质性，大规模公司显著偏好选择"四大"，这与我国审计市场实际情况相符。③以模型为基础预测选择的事务所与实际选择的事务所拟合度较高，验证了其在我国审计市场的适用性。

其次，本书以 2000—2015 年沪深 A 股上市公司为样本，基于我国审计市场的需求模型，通过反事实研究探讨了"四大"变为"三大"对审计市场消费者剩余的影响，以期探讨审计市场竞争态势与消费者剩余的关系。研究发现，如果"四大"变为"三大"，会造成审计市场消费者剩余损失，损失比例达到审计费用之和的 17.41%—21.97%。我国审计市场进入壁垒的存在，形成了两种不同的竞争态势："四大"在大客户市场具有垄断势力，而非"四大"在小客户市场上激烈竞争甚至恶性竞争。由于"四大"对大客户市场的垄断优势导致非"四大"难以与之抗衡，从而"四大"之一退出后，"三大"会进一步瓜分我国审计市场，争相抢夺"肥肉"，而其余事务所苦于"先天不足，后天营养不良"，只能站而观之，这无疑会加剧资源的非效率配置，造成福利损失。

再次，本书基于同样初始样本和审计市场的需求模型，通过反事实研究探讨了进一步推广事务所强制轮换到所有上市公司对审计市场消费者剩余的影响。研究发现：10 年轮换期会导致我国审计市场消费者剩余损失 421.313 百万—423.837 百万元，占当年所有样本公司审计费用之和比重为 17.56%—21.67%；而 4 年轮换期损失范围为 433.910 百万—441.240 百万元，占当年所有样本公司审计费用之和比重为 18.28%—22.32%。可见，如果在我国所有上市公司中推广实施事务所强制轮换，会造成消费者剩余损失，且轮换期越短，损失值越大。其原因是：事务所与公司的长期合作关系既会"日久生情"，又会"熟能生巧"。事务所强制轮换制虽然能缓解"日久生情"对独立性的损害，但失去了"熟能生巧"形成的专业胜任能力和成本优势。最终失去"熟能生巧"所带来的额外成本大于消除"日久生情"得到的价值，即给消费者带来的额外成本超过了价值。

最后，本书利用我国会计师事务所转制所提供的自然实验为契机，定量研究会计师事务所转制为特殊普通制后对消费者剩余的影响，并结合我国各地不均衡的法制环境及公司间不同的经营风险进一步分析，以期为事务所治理相关政策的持续实施及后续完善提供经验证据与理论参考。研究发现：会计师事务所转制后，审计市场消费者剩余显著上升，即会计师事务所转制给审计市场带来的效用大于成本，有利于审计市场的良好运行，且提升效果在法制环境较好地区及经营风险较高的公司中更显著。

第二节　政策建议

与大多数行业的发展轨迹类似，我国审计市场改革发展的主导推动力量来自政府。在我国，"四大"在大客户市场拥有垄断优势，而非"四大"只能在小客户市场激烈竞争甚至恶性竞争。审计市场进入壁垒的存在，形成了高度集中与激烈竞争共存的市场结构与竞争态势，这不利于审计市场福利最大化的运行目标。因此，本书通过对我国审计市场福利的初步探索，并分析我国政府近年来主要政策的福利效果，以帮助监管部门作为"看得见的手"如何参与审计市场运行提供了理论参考，具体启示可能有如下几点：

第一，我国监管部门需要重点关注审计市场的进入壁垒，继续推动"做大"尤其是"做强"中小会计师事务所，以促进审计市场全面良性竞争。从根本上改变大客户市场僧多粥少，小客户市场恶性竞争的局面，这也是我国监管部门近年来的政策导向。我国审计市场结构与竞争状态亟待进一步优化，这不仅有利于审计市场福利，而且有利于形成高效有序的服务市场，成为我国资本市场发展的基石。

第二，如果在我国审计市场所有上市公司中推广会计师事务所强制轮换制，给消费者带来的额外成本超过了价值。政策的实施会同时给市场消费者带来价值和成本，只有产生的价值大于成本，即政策实施后消费者能获取净价值增量，才符合政府政策实施的初衷。因此，从福利角度本书并不提议我国在所有上市公司中推广事务所层面的轮换，政府考虑充分发挥现有签字注册会计师轮换政策以及其他监督机制的作用可能更有利于我国审计市场发展。

第三，特殊普通合伙制适合于我国的制度环境，有利于审计市场福利。这一组织形式既有利于会计师事务所做大做强和长期发展，又有利于提高审计师的执业谨慎性和独立性，更好地发挥审计功能以缓解资本市场的信息不对称问题。但是，会计师事务所转制带来的福利增加在法制环境好的地区更为显著，这意味着配套法律制度的不健全及执行力度的差异可能阻碍了转制经济效果的发挥。因此，完善我国各地区法制环境、贯彻法律约束执行力度将有利于进一步发挥转制经济效果，提高审计市场福利。

第三节 研究局限和展望

本书是对中国审计市场福利问题的初步探索，疏漏和不成熟之处在所难免，我们认为本书仍存在以下问题和局限，有待进一步研究和探索。

第一，在计算事务所退出及推广会计师事务所强制轮换制对消费者剩余的影响时，假定其他事务所审计费用不变。但实际情况是，竞争者的退出，其他事务所可能会提高审计费用。基于公司对审计费用的边际支付意愿为负数，这部分变化会导致消费者剩余进一步下降，因此对本书结论没有影响，但受数据所限，本书无法计算该部分的消费者剩余损失。后续研究若衡量出这部分损失值，将更精准地衡量政策的影响。

第二，受模型所限，本书研究会计师事务所退出以及会计师事务所强制轮换的影响时，只能将非"四大"视为一个整体，这可能对本书的研究结论有所影响。但"四大"在我国几乎垄断了大型公司审计业务（2015年"四大"的客户资产份额达到85%），可见研究"四大"轮换对消费者剩余的影响不会影响本书结论。此外，本书基于大客户市场上非"四大"对其影响较小，因而单独研究大客户市场以增加本书结论的稳健性。后续研究若能改进或规避这一限制，将有利于更全面分析我国审计市场福利问题。

第三，会计师事务所转制前后的客户特性变化可能对研究结果造成干扰。但由于目前所有具备上市公司审计资格的事务所已全部转制为特殊普通合伙制，即不存在未转制的事务所作为对照组样本进行研究，故不适用双重差分方法解决此困扰。本书进行了一系列稳健性检验，如安慰剂检验、仅保留转制前一年度和转制完成当年审计的同一批客户公司作为研究样本，尽可能排除了该问题对结论的影响。后续研究若能进一步改进或规避这一问题，将有利于更进一步探明会计师事务所转制的效果。

参考文献

奥利弗·威廉姆森著：《反托拉斯经济学：兼并、协约和策略行为》，张群群、黄涛译，经济科学出版社 1999 年版。

保罗·萨缪尔森、威廉·诺德豪斯著：《经济学》，萧琛译，商务印书馆 2014 年版。

曹伟、桂友泉：《上市公司审计轮换制研究》，《中国注册会计师》2003 年第 7 期。

陈波：《经济依赖、声誉效应与审计质量——以会计师事务所分所为分析单位的实证研究》，《审计与经济研究》2013 年第 5 期。

陈汉文：《实证审计理论》，中国人民大学出版社 2012 年版。

陈莉、张卓：《中国上市公司多元化战略及其系统风险研究》，《企业经济》2005 年第 2 期。

陈信元、夏立军：《审计任期与审计质量：来自中国证券市场的经验证据》，《会计研究》2006 年第 1 期。

陈艳萍：《我国审计市场竞争态势：完全竞争还是垄断竞争?》，《会计研究》2011 年第 6 期。

陈艳萍、杨淑娥：《我国注册会计师审计市场集中度与竞争态势分析》，《审计与经济研究》2010 年第 3 期。

耿建新、房巧玲：《我国会计师事务所规模研究——基于审计市场经验数据的聚类分析》，《会计研究》2005 年第 3 期。

黄洁莉：《英、美、中三国会计师事务所组织形式演变研究》，《会计研究》2010 年第 7 期。

江伟、李斌：《审计任期与审计独立性——持续经营审计意见的经验研究》，《审计与经济研究》2011 年第 2 期。

　　孔宁宁、李雪：《制度环境、会计师事务所转制与审计质量》，《审计与经济研究》2016 年第 2 期。

　　李东平等：《"不清洁"审计意见、盈余管理与会计师事务所变更》，《会计研究》2001 年第 6 期。

　　李江涛等：《会计师事务所转制政策对审计定价的影响》，《审计研究》2013 年第 2 期。

　　李璐等：《事务所转制、审计师声誉与 IPO 市场反应——基于审计需求方视角》，《审计与经济研究》2017 年第 5 期。

　　李爽、吴溪：《审计定价研究：中国证券市场的初步证据》，中国财政经济出版社 2004 年版。

　　李涛：《国有股权、经营风险、预算软约束与公司业绩：中国上市公司的实证发现》，《经济研究》2005 年第 7 期。

　　李眺：《审计市场：产业组织视角的分析》，上海财经大学出版社 2005 年版。

　　李眺：《审计市场中的合并、产业专用化投资和价格竞争》，《中国工业经济》2003 年第 3 期。

　　李兆华：《我国会计师事务所实行定期轮换制的博弈分析》，《会计研究》2005 年第 3 期。

　　刘斌等：《我国上市公司审计收费影响因素的实证研究——深沪市 2001 年报的经验证据》，《审计研究》2003 年第 1 期。

　　刘桂良、牟谦：《审计市场结构与审计质量：来自中国证券市场的经验证据》，《会计研究》2008 年第 6 期。

　　刘骏：《会计师事务所轮换制与审计独立性》，《审计研究》2005 年第 6 期。

　　刘明辉、王恩山：《我国审计需求的异化及制度成因》，《审计与经济研究》2011 年第 4 期。

　　刘明辉、徐正刚：《审计市场的有效结构：基于产业组织视角的分析》，《审计研究》2006 年第 2 期。

刘明辉、徐正刚：《中国注册会计师行业的规模经济效应研究》，《会计研究》2005 年第 10 期。

刘明辉等：《我国审计市场集中度与审计质量关系的实证分析》，《会计研究》2003 年第 7 期。

刘启亮：《事务所任期与审计质量——来自中国证券市场的经验证据》，《审计研究》2006 年第 4 期。

刘行健、王开田：《会计师事务所转制对审计质量有影响吗?》，《会计研究》2014 年第 4 期。

逯颖：《会计师事务所组织形式对审计质量的影响》，《审计与经济研究》2008 年第 6 期。

彭桃英、刘继存：《我国 A 股审计市场集中度的静态与动态分析》，《中央财经大学学报》2008 年第 1 期。

漆江娜等：《事务所规模·品牌·价格与审计质量——国际"四大"中国审计市场收费与质量研究》，《审计研究》2004 年第 3 期。

沈辉、肖小凤：《会计师事务所法律责任与审计收费溢价》，《审计与经济研究》2013 年第 6 期。

汪月祥、孙娜：《中央企业审计招标和审计师轮换研究——基于一项调查问卷的分析》，《审计研究》2009 年第 1 期。

汪月祥、王菊仙：《中央企业更换会计师事务所的调查及建议》，《审计与经济研究》2008 年第 5 期。

王兵、辛清泉：《分所审计是否影响审计质量和审计收费?》，《审计研究》2010 年第 2 期。

王春飞、陆正飞：《事务所"改制"、保险价值与投资者保护》，《会计研究》2014 年第 5 期。

王咏梅、王鹏：《"四大"与"非四大"审计质量市场认同度的差异性研究》，《审计研究》2006 年第 5 期。

王咏梅、王鹏：《中国会计师事务所的加盟战略效果研究》，《管理世界》2012 年第 3 期。

吴溪：《我国证券审计市场的集中度与注册会计师独立性》，《中国注册会计师》2001 年第 9 期。

夏冬林、林震昃：《我国审计市场的竞争状况分析》，《会计研究》2003 年第 3 期。

谢荣、吴建友：《现代风险导向审计基本内涵分析》，《审计研究》2004 年第 5 期。

谢荣、吴建友：《现代风险导向审计理论研究与实务发展》，《会计研究》2004 年第 4 期。

谢盛纹、闫焕民：《事务所轮换与签字注册会计师轮换的成效对比研究》，《审计研究》2014 年第 4 期。

徐伟：《试论风险导向审计及其在我国的运用》，《审计研究》2004 年第 4 期。

许汉友、杨政：《中国审计市场高集中度的理论解释与现实分析》，《审计与经济研究》2008 年第 5 期。

闫焕民等：《事务所转制是否影响审计定价策略——来自我国上市公司的经验证据》，《审计研究》2015 年第 5 期。

杨瑞平、吴秋生：《论组织形式对会计师事务所内部治理的影响》，《中国注册会计师》2008 年第 4 期。

易琮：《有关审计市场集中度问题的探讨》，《中国注册会计师》2002 年第 5 期。

余玉苗：《中国上市公司审计市场结构的初步分析》，《经济评论》2001 年第 3 期。

余玉苗、陈波：《资产特征、治理结构与会计师事务所组织形式》，《审计研究》2002 年第 5 期。

余玉苗、李琳：《审计师任期与审计质量之间关系的理论分析》，《经济评论》2003 年第 5 期。

袁园、刘骏：《审计独立性与会计信息质量》，《会计研究》2005 年第 3 期。

原红旗、李海建：《会计师事务所组织形式、规模与审计质量》，《审计研究》2003 年第 1 期。

曾华、隋庶：《会计师事务所"轮作"审计制探讨》，《审计与经济研究》2002 年第 5 期。

曾亚敏、张俊生：《会计师事务所合并、审计市场结构与审计定价》，《审计与经济研究》2012 年第 1 期。

张健：《事务所转制效果存在差异吗？——原因与后果》，《审计与经济研究》2018 年第 1 期。

张立民、管劲松：《我国 A 股审计市场的结构研究——来自 2002 上市公司年度报告的数据》，《审计研究》2004 年第 5 期。

张敏、黄继承：《政治关联、多元化与企业风险——来自我国证券市场的经验证据》，《管理世界》2009 年第 7 期。

植草益：《微观规制经济学》，中国发展出版社 1992 年版。

周红：《"四大"的国际地位和中国审计市场结构优化》，《会计研究》2005 年第 3 期。

周红：《法、英、美会计审计市场结构和集中度比较及其对中国的借鉴》，《会计研究》2002 年第 10 期。

朱小平、叶友：《会计师事务所法律组织形式的企业理论观点——为什么应采取合伙制而不应采取有限公司制》，《会计研究》2003 年第 7 期。

Abbott, L. J., et al., "The Association between Audit Committee Characteristics and Audit Fees", *Auditing: A Journal of Practice & Theory*, 2003, 22 (2): 17–32.

American Institute of Certified Public Accountants (AICPA), "Statement of Position Regarding Mandatory Rotation of Audit Firms of Publicly Held Companies", New York, NY: AICPA, 1992.

Amit, R. and J. Livnat, "Diversification, Capital Structure, and Systematic Risk: An Empirical Investigation", *Journal of Accounting Auditing & Finance*, 1988, 3 (1): 19–43.

Bain, J. S., "Barriers to New Competition: Their Character and

Consequences in Manufacturing Industries", *California Law Review*, 1956, 45 (1): 448 – 458.

Barton, S. L., "Diversification Strategy and Systematic Risk: Another Look", *Academy of Management Journal*, 1988, 31 (1): 166 – 175.

Beattie, V. and S. Fearnley, "The Changing Structure of the Market for Audit Services in the UK: A Descriptive Study", *British Accounting Review*, 1992, 26 (4): 301 – 322.

Becker, C. L., et al., "The Effect of Audit Quality on Earnings Management", *Contemporary Accounting Research*, 1998, 15 (1): 1 – 24.

Beelde, I. D., "An Exploratory Investigation of Industry Specialization of Large Audit Firms", *International Journal of Accounting*, 1997, 32 (3): 337 – 355.

Berry, S., et al., "Limit Theorems for Estimating the Parameters of Differentiated Product Demand Systems", *The Review of Economic Studies*, 2004, 71 (3): 613 – 654.

Berry, S., et al., "Automobile Prices in Market Equilibrium", *Econometrica*, 1995, 63 (4): 841 – 890.

Bertrand, M. and S. Mullainathan, "Enjoying the Quiet Life? Corporate Governance and Managerial Preferences", *Journal of Political Economy*, 2003, 111 (5): 1043 – 1075.

Blough, C., "Current Accounting and Auditing Problems: Should Auditors be Changed?", *Journal of Accountancy*, 1951 (4): 624 – 625.

Brody, R. G. and S. A. Moscove, "Mandatory Auditor Rotation", *The National Public Accountant*, 1998 (5): 32 – 36.

Cameran, M., et al., "Are There Adverse Consequences of Mandatory Auditor Rotation? Evidence from the Italian Experience", *Auditing: A Journal of Practice &Theory*, 2015, 34 (1): 1 – 24.

Carcello, J. V. and A. L. Nagy, "Audit Firm Tenure and Fraudulent Financial Reporting", *Auditing: A Journal of Practice & Theory*, 2004, 23 (2): 55 – 69.

Catanach, A. H. C. and P. L. Walker, "The International Debate over Mandatory Auditor Rotation: A Conceptual Research Framework", *Journal of International Accounting Auditing & Taxation*, 1999, 8 (1): 43 – 66.

Chan, D. K. and S. Pae, "An Analysis of the Economic Consequences of the Proportionate Liability Rule", *Contemporary Accounting Research*, 1998, 15 (4): 457 – 480.

Chen, C. Y., et al., "Audit Partner Tenure, Audit Firm Tenure, and Discretionary Accruals: Does Long Auditor Tenure Impair Earnings Quality?", *Contemporary Accounting Research*, 2008, 25 (2): 415 – 445.

Choi, J. H., et al., "Audit Pricing, Legal Liability Regimes, and Big4 Premiums: Theory and Cross – country Evidence", *Contemporary Accounting Research*, 2008, 25 (1): 55 – 99.

Choi, J. H., et al., "Audit Market Concentration and Audit Fees: An International Investigation", Working Paper, 2017.

Clark, W. H., "Choosing the Right Form for Your Practice", *Pennsylvania CPA Journal*, 2000, 71 (2): 1 – 28.

Cohen Commission (Commission on Auditors' Responsibilities), "Report, Conclusions, and Recommendations", New York: AICPA, 1978.

Daniels, B. W. and Q. Booker, "The Effects of Audit Firm Rotation on Perceived Auditor Independence and Audit Quality", *Research in Accounting Regulation*, 2011, 23 (1): 78 – 82.

Dao, M., S. Mishra and K. Raghunandan, "Auditor Tenure and Shareholder Ratification of the Auditor", *Accounting Horizons*, 2008, 22

(3): 235 – 248.

DeAngelo, L. E. , "Auditor Size and Audit Quality", *Journal of Accounting & Economics*, 1981a, 3 (3): 183 – 199.

DeAngelo, L. E. , "Auditor Independence, 'Low Balling', and Disclosure Regulation", *Journal of Accounting & Economics*, 1981b, 3 (2): 113 – 127.

Dechow, P. M. , et al. , "Detecting Earnings Management", *Accounting Review*, 1995, 70 (2): 193 – 225.

Defond, M. L. and J. Jiambalvo, "Debt Covenant Violation and Manipulation of Accruals", *Journal of Accounting & Economics*, 1994, 17 (1): 145 – 176.

Defond, M. L. , et al. , "The Impact of Improved Auditor Independence on Audit Market Concentration in China", *Journal of Accounting & Economics*, 1999, 28 (3): 269 – 305.

Defond, M. L. , et al. , "Auditor Industry Specialization and Market Segmentation: Evidence from Hong Kong", *Auditing: A Journal of Practice & Theory*, 2000, 19 (1): 49 – 66.

Dopuch, N. and D. A. Simunic, "The Nature of Competition in the Auditing Profession: A Descriptive and Normative View", Regulation and the Accounting Profession, Lifetime Learning Publications, 1980.

Dopuch, N. , et al. , "An Experimental Investigation of Retention and Rotation Requirements", *Journal of Accounting Research*, 2001, 39 (1): 93 – 117.

Dubé, J. P. , et al. , "Structural Applications of the Discrete Choice Model", *Marketing Letters*, 2002, 13 (3): 207 – 220.

Dye, R. A. , "Auditing Standards, Legal Liability, and Auditor Wealth", *Journal of Political Economy*, 1993, 101 (5): 887 – 914.

Eichenseher, J. W. and P. Danos, "The Analysis of Industry Specific Auditor Concentration: Towards an Explanatory Model", *Accounting*

Review, 1981, 56 (3): 479 –492.

Erdem, T. , et al. , "Missing Price and Coupon Availability Data in Scanner Panels: Correcting for the Self – Selection Bias in Choice Model Parameters", *Journal of Econometrics*, 1998, 89 (1 –2): 177 –196.

Firth, M. , et al. , "Incentives for Auditor Independence: An Analysis of the Effectiveness of Formal Sanctions in China", *Journal of Business Ethics*, 2005, 62 (4): 367 –381.

Firth, M. , et al. , "Auditors' Organizational Form, Legal Liability, and Reporting Conservatism: Evidence from China", *Contemporary Accounting Research*, 2012, 29 (1): 57 –93.

Francis, J. R. , "The Effect of Audit Firm Size on Audit Prices: A Study of the Australian Market", *Journal of Accounting & Economics*, 1984, 6 (2): 133 –151.

Francis, J. R. , et al. , "The Pricing of National and City – Specific Reputations for Industry Expertise in the U. S. Audit Market", *Accounting Review*, 2005, 80 (1): 113 –136.

Geiger, M. A. and K. Raghunandan, "Auditor Tenure and Audit Reporting Failures", *Auditing: A Journal of Practice & Theory*, 2002, 21 (1): 67 –78.

Gerakos, J. and C. Syverson, "Competition in the Audit Market: Policy Implications", *Journal of Accounting Research*, 2015, 53 (4): 725 –775.

Ghosh, A. and D. Moon, "Auditor Tenure and Perceptions of Audit Quality", *Accounting Review*, 2005, 80 (2): 585 –612.

Gietzmann, M. B. and P. K. Sen, "Improving Auditor Independence Through Selective Mandatory Rotation", *International Journal of Auditing*, 2002, 6 (2): 183 –210.

Gul, F. A. and J. S. L. Tsui, "A Test of the Free Cash Flow and Debt Monitoring Hypotheses: Evidence from Audit Pricing", *Journal of*

Accounting & Economics, 1997, 24 (2): 219 –237.

Guo, Q., et al., "Joint Audit, Audit Market Structure, and Consumer Surplus", Review of Accounting Studies, 2017, 22 (2): 1 –33.

Hackenbrack, K., et al., "The Effect of a Bidding Restriction on the Audit Services Market", Journal of Accounting Research, 2000, 38 (2): 355 –374.

Harris, K., "Mandatory Audit Rotation: An International Investigation", Houston, TX: Bauer College of Bussiness, University of Houston, 2012.

Huang, H. W., et al., "Fee Discounting and Audit Quality Following Audit Firm and Audit Partner Changes: Chinese Evidence", Accounting Review, 2015, 90 (4): 1517 –1546.

Jensen, M. C. and W. H. Meckling, "Theory of the Firm: Managerial Agency Costs and Ownership Structure", Journal of Financial Economics, 1976, 3 (4): 305 –360.

Johnson, C., "Charge Against KPMG Dropped", Washington Post, 2010.

Johnson, E., et al., "Audit – Firm Tenure and the Quality of Financial Reports", Contemporary Accounting Research, 2002, 19 (4): 637 –660.

Kahneman, D. and A. Tversky, "The Psychology of Preferences", Scientific American, 1982, 246 (1): 160 –173.

Kaplan, S. E. and E. G. Mauldin, "Auditor Rotation and the Appearance of Independence: Evidence from Non – Professional Investors", Journal of Accounting & Public Policy, 2008, 27 (2): 177 –192.

Keyser, J. M., "Rotation of Auditors? Yes and No", Journal of Accountancy, 1967 (7): 20.

Kwon, S. Y., et al., "The Effect of Mandatory Audit Firm Rotation on Audit Quality and Audit Fees: Empirical Evidence from the Korean Au-

dit Market", *Auditing: A Journal of Practice & Theory*, 2014, 33 (4):
167 – 196.

Lennox, C. and B. Li, "The Consequences of Protecting Audit
Partners' Personal Assets from the Threat of Liability", *Journal of Accounting & Economics*, 2012, 54 (2 – 3): 154 – 173.

Libby, R. and D. M. Frederic, "Experience and the Ability to Explain Audit Findings", *Journal of Accounting Research*, 1990, 28 (2):
348 – 367.

Lu, T., "Does Opinion Shopping Impair Auditor Independence and
Audit Quality?", *Journal of Accounting Research*, 2006, 44 (3): 561 –
583.

Luce, R. D., "Individual Choice Behavior", *American Economic
Review*, 1959, 67 (1): 1 – 15.

Mankiw, N. G., *Principles of Economics* (1st edition), Fort
Worth, Texas, Dryden Press, 1997.

Mansi, S. A., et al., "Does Auditor Quality and Tenure Matter to
Investors? Evidence from the Bond Market", *Journal of Accounting Research*, 2004, 42 (4): 755 – 793.

Mcfadden, D., "Computing Willingness – to – Pay in Random Utility Models", *Trade, Theory and Econometrics: Essays in Honour of John
S. Chipman*, 1999 (15): 253 – 274.

McFadden, D., "Conditional Logit Analysis of Qualitative Choice
Behavior", *Frontiers in Econometrics*, 1974: 105 – 142.

Menon, K. and D. Williams, "The Insurance Hypothesis and Market Prices", *Accounting Review*, 1994, 69 (2): 327 – 342.

Moizer, P. and S. Turley, "Changes in the UK Market for Audit
Services: 1972 – 1982", *Journal of Business Finance and Accounting*,
1989, 16 (1): 41 – 53.

Montgomery, C. A. and H. Singh, "Diversification Strategy and

Systematic Risk", *Strategic Management Journal*, 1984, 5 (2): 181 - 191.

Muzatko, S. R., et al., "An Empirical Investigation of IPO Underpricing and the Change to the LLP Organization of Audit Firms", *Auditing: A Journal of Practice & Theory*, 2006, 23 (1): 53 - 67.

Myers, J. N., et al., "Exploring the Term of the Auditor - Client Relationship and the Quality of Earnings: A Case for Mandatory Auditor Rotation?", *Accounting Review*, 2003, 78 (3): 779 - 799.

Nagy, A. L., "Mandatory Audit Firm Turnover, Financial Reporting Quality, and Client Bargaining Power: The Case of Arthur Andersen", *Accounting Horizons*, 2008, 19 (2): 51 - 68.

Nasser, A. T. A., et al., "Auditor - Client Relationship: The Case of Audit Tenure and Auditor Switching in Malaysia", *Managerial Auditing Journal*, 2006, 21 (7): 724 - 737.

Nelson, P., "Advertising as Information", *Journal of Political Economy*, 1974, 82 (4): 729 - 754.

Numan, W. and M. Willekens, "An Empirical Test of Spatial Competition in the Audit Market", *Journal of Accounting & Economics*, 2012, 52 (1 - 2): 450 - 465.

O'Keefe, T. B., et al., "The Production of Audit Services: Evidence from a Major Public Accounting Firm", *Journal of Accounting Research*, 1994, 32 (2): 241 - 261.

O'Keefe, T. B., et al., "Audit Fees, Industry Specialization, and Compliance with GAAS Reporting Standards", *Auditing: A Journal of Practice & Theory*, 1994, 13 (2): 41 - 55.

Palmrose, Z. V., "Audit Fees and Auditor Size: Further Evidence", *Journal of Accounting Research*, 1986, 24 (1): 97 - 110.

Palmrose, Z. V., "The Relation of Audit Contract Type to Audit Fees and Hours", *The Accounting Review*, 1989, 64 (3): 488 - 499.

Palmrose, Z. V. , "Trials of Legal Disputes Involving Independent Auditors: Some Empirical Evidence", *Journal of Accounting Research*, 1991, 29 (1): 149 – 185.

Pearson, T. and G. Trompeter, "Competition in the Market for Audit Services: The Effect of Supplier Concentration on Audit Fees", *Contemporary Accounting Research*, 1994, 11 (1): 115 – 135.

Pierre, K. S. Anderson, J. A. , "An Analysis of the Factors Associated with Lawsuits against Public Accountants", *Accounting Review*, 1984, 59 (2): 242 – 263.

Rhode, J. G. , et al. , "An Analysis of Client – Industry Concentration for Large Public Accounting Firms", *Accounting Review*, 1974, 49 (4): 772 – 787.

Ruiz – Barbadillo, E. , et al. , "Does Mandatory Audit Firm Rotation Enhance Auditor Independence? Evidence from Spain", *Auditing: A Journal of Practice & Theory*, 2009, 28 (1): 113 – 135.

Schaen, M. and S. Maijoor, "The Structure of the Belgian Audit Market: The Effects of Clients' Concentration and Capital Market Activity", *International Journal of Auditing*, 1997, 1 (2): 151 – 162.

Seidman, J. , "Letters to the Journal", *Journal of Accountancy*, 1967a (5): 30 – 32.

Seidman, J. , "More on Rotation of Auditors", *Journal of Accountancy*, 1967b, (9): 30.

Sharma, D. S. and J. Sidhu, "Professionalism vs Commercialism: The Association between Non – Audit Services (NAS) and Audit Independence", *Journal of Business Finance & Accounting*, 2001, 28 (5 – 6): 563 – 594.

Simon, D. T. and J. R. Francis, "The Effects of Auditor Change on Audit Fees: Tests of Price Cutting and Price Recovery", *Accounting Review*, 1988, 63 (2): 255 – 269.

Simunic, D. A. , "The Pricing of Audit Services: Theory and Evidence", *Journal of Accounting Research*, 1980, 18 (1): 161 – 190.

Stefaniak, C. M. , et al. , "The Causes and Consequences of Auditor Switching: A Review of the Literature", *Journal of Accounting Literature*, 2009, 28: 47 – 121.

Teoh, S. H. , "Auditor Independence, Dismissal Threats, and the Market Reaction to Auditor Switches", *Journal of Accounting Research*, 1992, 30 (1): 1 – 23.

Tomczyk, S. and W. J. Read, "Direct Measurement of Supplier Concentration in the Market for Audit Services", *Auditing: A Journal of Practice & Theory*, 1989, 9 (1): 98 – 106.

Tonge, S. D. and C. W. Wootton, "Auditor Concentration and Competition among the Large Public Accounting Firms: Post – Merger Status and Future Implications", *Journal of Accounting & Public Policy*, 1991, 10 (2): 157 – 172.

Train, K. , *Discrete Choice: Methods with Simulation*, Cambridge University Press, 2009.

Turpen, R. , "Differential Pricing on Auditors' Initial Engagements: Further Evidence", *Auditing: A Journal of Practice & Theory*, 1990, 9 (2): 60 – 76.

Walker, K. B. and E. N. Johnson, "A Review and Synthesis of Research on Supplier Concentration, Quality and Fee Structure in Non – U. S. Markets for Auditor Services", *International Journal of Accounting*, 1996, 31 (1): 1 – 18.

Yardley, J. A. , et al. , "Supplier Behavior in the U. S. Audit Market", *Journal of Accounting Literature*, 1992 (11): 151 – 184.

Zeff, S. A. and R. L. Fossum, "An Analysis of Large Audit Clients", *Accounting Review*, 1967, 42 (2): 298 – 320.